新・佐高信の筆刀両断

偽装、捏造、安倍晋三

ギソー
ネツゾー
アベシンゾー

佐高信
Satake Makoto

作品社

偽装、捏造、安倍晋三

新・佐高信の筆刀両断

ギソー
ネツゾー
アベシンゾー

第3章 〃偽装政権〃を支える創価学会と公明党　57

第4章 鵜の目・鷹の目・佐高の目　87

「戦争は〝統計偽装〟から始まる」——はじめに

佐高信

国会を取り巻く安倍（晋三）政権への抗議行動のスローガンの一つに、「ギソー、ネツゾー、アベシンゾー」があった。本質を突く指摘だろう。それを拝借して、本書の書名を『偽装、捏造、安倍晋三』とした。

二〇〇六年夏に、安倍晋三の著者名で刊行された『美しい国へ』（文春新書）に、「毎年七月に厚生労働省から日本人の平均寿命が発表になる。最新の二〇〇四年の平均寿命は、女性が八十五・五九歳で、男性が七十八・六四歳。男性はアイスランドに次いで世界第二位だが、女性はもう二十年連続で世界一の座をたもちつづけているのをご存じだろうか」とある。

しかし、次々と発覚する〝統計偽装〟を目の当たりにする現在、これを素直に信じる気にはなれない。「厚生労働省」の文字を見ただけで、眉にツバをつけたくなるだろう。

安倍は、この本の帯文で「自信と誇りのもてる日本へ」などと謳《うた》っているが、「美しい国」どころか、「疑わしい国」となってしまった。

それ以上に指摘しておきたいのは、「戦争は〝統計偽装〟から始まる」ということである。

戦争の時代を新聞記者として体験した、むのたけじは、『日本で１００年、生きてきて』（朝日新書）で「戦争をやるときは敵国を欺《あざむ》くけど、自国民も二倍も三倍も欺く。戦争というのは、はじめから道徳と反対なんだ。ウソつかないとやれないのが戦争なんですよ」と喝破している。

戦争と言わないで「聖戦」と言い、日本軍と呼ばずに「皇軍」と呼んだ。安倍の「美しい国」という言い方も、まさにそれと同じである。

特定秘密保護法の目的についても、むのはハッと思うような指摘をした。つまり、あれは「アメリカの秘密が漏れないようにしろ、という要求に応えた」のだというわけである。

むのは身長一五二センチ。一五五センチないと徴兵検査で甲種合格にはなれない。それで、乙より下の丙種合格だった。そのため、「お国のために働けない親不孝者」と、周囲からさんざん言われたという。しかし、肝っ玉は大きかった。

戦争の太鼓を自分も叩いたとして、敗戦の年の八月一五日に朝日新聞に辞表を出す。戦争責任を感じてそうした行動をとった記者は他に誰もいなかった。そして、郷里の秋田県横手市に帰り、週刊新聞『たいまつ』を発行する。〝反体制でアカだ〟というレッテルを貼られた。それでも発行し続け、『たいまつ十六年』（企画通信社、現在は岩波現代文庫）という本にまとめられた。

一九六三年にこの本が出たとき、「お祝いをやってやる」と言ってきたのが、横手市長だった佐々木一郎、市議会議長だった斎藤万蔵、それに商工会の幹部の前沢純次だった。

むのは驚いた。この三人は、むのを敵視していた町のボスたちだったからである。彼らの呼びかけで一五人が集まった。むのは「アカを祝おうとクロばかりが集まって」と語っている。祝辞も何もない。ただ飲むだけ。

酒を飲めないむのは、しばらくしてから三人の前に行って、「あんた方、保守のボスが頼みもしないのに、なんで出版祝賀会をやってくれたのか」と尋ねた。答えは三人とも同じだった。「『たいまつ』新聞は、町を支配している我らの敵だ。だから、つぶすわけにはいかない」『たいまつ』に広告を出してくれたのは彼らで、だから新聞は続いた。

この「敵に学ぶ」という姿勢が、安倍とその一派にはまったくない。だから「どアホ政権」と呼ぶしかないのだ。その上、この「どアホ政権」は敵に学ぶどころか、政権を存続させるためには、都合の悪い統計は平気で〝偽装〟し、事実を〝捏造〟する。その先に待っているものは何なのか。むのが生きていたら、何と言っただろう。

そして、この政権がバカ騒ぎをしたのが〝改元〟騒動だった。それを批判した四月二九日付の『日刊ゲンダイ』掲載「オススメ本ミシュラン」を次に掲げる。

スクープしたわけでもないのに『読売』だけでなく『朝日』までが元号決定の号外を出したのには呆れた。これでは「官報」だろう。のちに自民党総裁となり病いに倒れるまでのわずかな期間、首相をやった石橋湛山は、戦後まもなく「元号を廃止すべし」と主張した。どのメディアも、この元号廃止論を紹介することもなく浮かれている。

腹立たしい限りだが、そんなバカバカしい風潮に、落語家の立川志らくが強烈な一発をかましている。

ゲストとして呼ばれた沖縄問題のトークショウで、こう言ったのである。

「普天間の移設の件ですが、国外が無理、国内でもどこも嫌だとなると、どうにもならない。私はこれだけ広い日本なのだから、どこかあるはずだと日本地図を広げて探しました。普天間の基地は東京ドーム百三個分の広さ。ありました。ぴったりの場所が。那須の御用邸。あそこは東京ドーム百四十個分の広さがある。

すっぽりはまるんです。東京ドームが三十七個残れば陛下が散歩するぐらいの広さは残るし。陛下ににらみを利かせていただきましょう。米軍よ馬鹿なまねはするなとね」

会場の新宿のライブハウスは、爆笑の渦に包まれたという。それで続けた。

「沖縄問題はしょせん、政治家も国民もひとごとなんですよ。沖縄の痛みなんか、だれもわかっちゃいない。この沖縄問題をよい方向に持っていくには、沖縄出身の政治家が総理大臣になればいいんだ。それを実現させようではないか」

確かに安倍晋三に代わって玉城デニーが首相になったら、少なくとも「ひとごと」ではなくなる。ショウに同席した沖縄選出の国会議員・糸数慶子が、志らくに、米兵は夏休みでアメリカに帰っている間も、食べ物などを腐らせてはいけないと、冷房がかけっぱなしであることを知っているか、と尋ねる。その費用も私たちの血税から出ているわけだからである。

そう言われて、志らくは怒った。

「じゃあ、沖縄の電力会社に頼んで、電気をきっちまえ！」

私は、新基地は沖縄の辺野古ではなく、安倍の地元の下関に建設したらいいと思う。トランプべったりの安倍は、そうやってアメリカにシッポを振ったらいいのではないか。師匠の談志譲りの志らくの毒のきいた『志らくの言いたい放題』（ＰＨＰ文庫）はオススメである。

二〇一九年五月一日

第1章

統計偽装は、国を滅ぼす

“嘘つき”は、アベノミクスの始まり

一、平均値主義の恐さ

数字はウソをつく、と言われる。今回の統計偽装は、数字そのものをごまかしていたのだから論外だが、数字の恐さを、私は技術評論家の星野芳郎に教えられた。

ある密室に人間を入れ、外から平均量を確保して毎日酸素を送っていたとする。ところが、ある日、一〇分間だけ酸素を送るのを忘れ、後で平均量が同じになるように酸素を送ったが、人間は死んでしまった場合、平均値主義では、平均量を確保していたのだから死ぬわけがないということになる。しかし、生物というのは瞬間的に異常な状態にぶつかれば、それで死んでしまうのである。だから、公害については異常値が最大の問題になる。

では、実際の事件と戦争における統計偽装から、この問題の深刻さを掘り下げてみよう。

二、偽装がもたらした事故死

三菱自動車は、二〇〇〇年と二〇〇四年に二度、〝リコール隠し〟を発覚させている。そして二〇一六年には燃費の偽装を行なった。

二〇〇〇年に、当時は〝三菱自動車〟と名乗っていた〝三菱ふそうトラック・バス〟の大型牽引車の前輪が脱落し、母子三人が死傷した。二〇〇六年一二月一三日に横浜簡易裁判所で、この事件についての判決が言い渡されたが、データを改竄《かいざん》して国土交通省に虚偽の報告をした三菱ふそうの元会長の宇佐美隆らは無罪となった。

宇佐美隆は、三菱銀行頭取を経て日本銀行総裁になった宇佐美洵の甥である。この甥は欠陥車で人を殺したのに、道路運送車両違反で罰金を科されただけだった。

このとき、三菱グループは、三菱の名のついた会社を倒産させるわけにはいかないとして、三菱重工、三菱商事、そして東京三菱銀行（当時）の、いわゆる御三家が金融支援をした上に「バイ三菱」（三菱自動車を買おう）という運動を展開して三菱自動車を救った。

もともと同社は、三菱という名の釣り堀で経営をしてきたようなもので、とてつもなくヒ弱だった。「バイ三菱」はその閉鎖的な温室経営を進めて、さらに事件を惹き起こしたのである。

燃費偽装のときも、このリコール隠しに似て、三菱自動車の社長・相川哲郎の父親は、自工の親会社の三菱重工の帝王と言われた相川賢太郎。世間の厳しい風にさらされていない甥や息子が起こした事件という点が共通している。

リコール隠しのとき、マスコミは「欠陥」とは言わずに「不具合があった」と表現した。三菱に甘いこんな姿勢も、今度の事件を生んだ原因の一つだろう。

経済評論家の奥村宏は、私との対談『企業事件史』（現代教養文庫）で、こう言っている。

「（水俣病の）チッソのときも、つぶれたら困ると言われた。たしかに経済的に言えば、つぶれたら損害賠償ももらえないようになるから、労働組合も患者も、みんな困る。しかし、全体のロジックとしては、会社がつぶれるということが一つでもあれば、ほかの企業は用心する。会社の責任といったら、つぶれることです。それしかないじゃないですか。個人は刑務所へぶち込めるけど、会社はそうできないですからね。法人をどうするか。法人自体に巨額の罰金をかけて、会社の経営が悪くなってつぶれる。これが最終ですね。ところが、そういうケースはない。またそうなることに対しては世論も反対しますね。むしろ、会社をつぶしたら何にもならないではないか。患者のほうも、取れるものも取れなくなるじゃないかということになってしまうわけです」

しかし、これは論理のスリカエだろう。資本主義の原理としては、当然、三菱自動車はつぶれて然《しか》るべきだった。

三、数字偽装から戦争は始まる

五味川純平の『戦争と人間』（三一書房）という大著の小説がある。

これを経済小説として評論したいと言った私に、五味川は何の異論もはさまず、

「戦争は経済だからね」

とズバリと言い切った。

ガンで声を失った食道発声の絞り出すような声でである。

昭和一五年に東京外語大の英文科を出て旧満州（現在の中国東北部）に帰り、昭和製鋼所に入った五味川は、生産計画の基礎資料調査をやらされた。

当時は鉄や石炭をはじめ、すべての戦略物資が極度に不足していたが、満州に進出していた関東軍は、もっと出せ、もっと出せ、と督促してくる。

「熔鉱炉は算術どおりにしか動かない」のに、精神力で出せ、と言ってくるのである。作品中で、作者の分身とも言うべき伍代俊介が指摘しているように、「軍人は数字を精神で膨らませ」る。

軍部に協力して事業の発展を図ろうとする兄・英介（新興伍代財閥の二世）に対して、その俊介は、

「昭和一五年度の戦略重要物資の日米生産高比較は、石油が一対五一三、銑鉄一対約一二、鋼塊一対約九、銅一対九、アルミニウム一対七、その他石炭、亜鉛、水銀、燐鉱石、鉛など、どれも比較を絶している。これらの算術平均値をとると、日本とアメリカは、一対七四・二になる。ソ連との比較だって、詳しいデータはないが、これに近い」

と教える。しかし、英介は聞く耳を持たず、

「資料なんぞ、扱いようでどうにでもなる」

と、うそぶく。

この箇所を読みながら、私は新日本製鉄の副社長から九州石油の社長に転じた飯村嘉治が若き日に歌った「かにかくに架空の数字あげつらい国策ひとつ生まれつつあり」という歌を思い出した。旧日本製鉄の社員として朝鮮にいた飯村は、昭和一七年、「公債累積には限度がある。われわれは生活を切りつめて一円でも多く貯金をするしかない」という要旨の論文を執筆し、憲兵隊から呼び出しを受けた。

飯村の論文には、政府に対する批判と、インフレについての誇大記述の部分があり、人心を惑わせる。飯村は反戦思考の持ち主ではないか、と言うのである。『戦争と人間』で、俊介のほか、理性を失わない人間がかけられた嫌疑と同質のものだった。

時代はそれほど狂気に満ち、自由と理性を嫌っていた。俊介の父・由介も後に「親英米派財界人」として引退を余儀なくされる。

戦争は数字偽装から始まり、戦争へと国民を駆り立て続けるには数字偽装をやり続けなければならないのである。

いま、安倍はまさに、かつての軍人と同じように数字偽装に血道をあげている。安倍の思考は軍人的思考なのだ。

戦時でなくとも、政治家は数字偽装をしたがる。

飯村は私家版の随想集『忘れ水３』に、昭和四五年春に政府が策定して発表した「新経済社会発展計画」について書いている。当時は五十数か月に及ぶ、いわゆる「いざなぎ景気」に日本中が浮かれていたという。

この計画によれば、昭和五〇年までの五年間にＧＮＰは年率一〇・六％の成長を遂げ、鉄の生産は年率九・九％の伸びを予定して一億五〇〇〇万ないし六〇〇〇万トンになるはずだった。

その年の春に新日鉄が発足したばかりで、原料担当者の飯村の最初の仕事は、この計画達成に必要な原料の調達がはたして可能かどうか、検討することだったという。

しかし、仕入れソースの新規開発などにどんな工夫をこらしてみても、一億二〇〇〇万から三〇〇〇万トンが精一杯である。この困難な見通しを、飯村は会社首脳部に何度となく説明したことを思い出している。

「ウソでも明るい未来を」と、政府は尻を叩いたのかもしれないが、飯村はこの一文を「国として間違った旗じるしを掲げて、あとで悪い結果を残しても、誰かが責任をとったという話は聞いたことがない」と結んでいる。

四、弾圧された科学者、松前重義

もう一人、大正五年生まれの飯村より一五歳年上の松前重義の例を挙げよう。

松前は、東北帝大工学部電気工学科に学んで逓信省に入った技術者だった。そのこともあって、軍人の東条英機が首相になったときも、彼に楯突くような立場にはいなかった。

しかし、昭和一五年に発足した大政翼賛会の総務部長を引き受けたことで、政治の渦に巻き込まれていく。松前によれば、大政翼賛会は結成当初は、「国民全体の盛り上がる政治力を結集して、亡国の道を突進する軍部の独裁政治を食い止め、日本の進路を正常たらしめる理想と意図をもって発足した国民連合体」だった。ところが、その後、まさに「亡国の道を突進する軍部の独裁政治」を盛り上げるものとなってしまう。

その過程で、松前は、東条の腹心の武藤章（陸軍省軍務局長）から呼びつけられて脅された。翼賛会の各地方組織の支部長を民間人にしようとした松前に、武藤は、

「いまや非常時である。民間人など命令に服従させておけばよいのだ」

と言い放つ。

「冗談じゃない。国民の国を愛する気持ちが下から盛り上がってこそ、国威も発揚できる。上からの統制だけでは、翼賛会は政府の御用団体に陥るだけだ」

と松前が反論すると、武藤は、

「何を言うか。君は赤か。国民の勝手な声など聞く必要はない。われわれに反対する赤はひっくってしまうんだ」

と怒鳴った。

それでも松前は怯《ひる》まず、

「軍内部の統制についてはいざ知らず、こと大政翼賛会に口出しする権限は、あなたにはない」

と言い返して席を立った。

とたんに、松前は赤だという噂が広がって、憲兵や特高から監視されるようになる。その後もいろいろあって、結局、事務局全員が総裁の近衛文麿から辞職命令を受け、松前も辞職した。昭和一六年の春である。

その年の一二月、松前は逓信省の工務局長となり、海軍省事務局に依頼されて、生産力調査グループをつくる。そして、海軍軍令部総長の永野修身が主宰する会議で、次の三つをポイントとする講演をした。ちなみに、この背景には陸軍と海軍が不倶戴天の仇のごとく敵対している状況がある。三つのポイントを挙げる。

(1) 東条内閣の発表する軍需生産計画は、内閣のでたらめな宣伝で、欺瞞に満ちている。

(2) このままの生産体制では、東条首相がいくら必勝の信念を唱えても、戦争の将来は、惨憺たる滅亡が待っている。

(3) 東条内閣の施策は、非科学的である。木炭と鉄鉱石によって、鉄を造るごとき国策を定めるのは、言語道断である。

この報告が東条の耳に入り、松前は目の敵にされるようになって、強引に懲罰召集にかけられた。そして、陸軍二等兵として南方戦線に送られることになったのである。敗色すでに濃い昭和一九年夏だった。勅任官の松前は天皇の勅許なしには召集できないため、この方法で報復したのである。松前はこのとき、四二歳だった。

松前は「内閣打倒の根回し工作を密かに探って、中野正剛氏を自決に追い込んだ東条首相は、やはり東条内閣のもう一人の倒閣運動家であったこの私を、一介の陸軍二等兵として死地に追いやることによって、完全に抹殺しようとしたのだ」と述懐している。

その後も、東条は執念深く松前を「抹殺」しようとしたが、松前は奇跡的に生還した。この間のドラマは、松前の著書『二等兵記』を素材にした新国劇「嵐を行く」で上演された。松前に扮したのは、島田正吾である。

東条とタッグを組んだのが、安倍の祖父の岸信介であることも付記しておこう。

文字通り九死に一生を得て帰還した松前は、昭和二〇年五月一九日に召集解除通知を受け、技術院参技官となった。そして、八月六日の広島への原爆投下に遭遇する。科学技術についての総力を発揮して、その刷新向上を図り、特に航空技術の振興をめざすという触れ込みでスタートした技術院では、早速、当時は新型爆弾と称した原爆の調査委員会をつくり、松前は広島被爆調査団長に任命されて、八月八日に広島入りした。

その惨状を調査した資料を抱えて一〇日に帰京すると、内閣情報局次長の久富達夫が、原爆かどうかを尋ねる。

「間違いなく原爆だ」

と答えると、久富は、

「午後から陸海軍と関係官庁の連絡会議を開くことになっている。出席者の中には広島の爆弾は原爆ではないと主張するものや、たとえ原爆でも防御法があるから、戦争は継続すべしと主張するものもいる。そこで、広島に落ちた爆弾が原爆であることを、技術的立場に立って報告してもらいたい」

と松前に頼んだ。

それで松前は会議で、

「広島の爆弾は原爆である。その破壊力は、これまでの常識では考えられないほど巨大なものだ。広島の惨状は言語に絶する」

と説明した。原爆の放射線の特性や残存放射能などの調査結果を加えてである。

それを聞いて久富が、緊張した顔で、

「この事実は閣議に報告する」

と会議を締めくくった。

それから松前が首相官邸の一室で、詳細な調査報告書をまとめていると、青年将校二人が踏み込んで来て、

「広島に投下された爆弾は、新型爆弾だと書け。言うことを聞かないと斬るぞ」

と脅した。

松前は屈してなるものかと思い、いざとなれば柔道の技で投げとばしてやろうと身構えながら、腹にぐっと力を入れ、

「私は科学者だ。調査してきたありのままの被爆実相を報告する。君たちもこんなところにやってくる暇があるなら、広島へ行って被爆の実情を見てこい」

と一喝した。

すると、青年将校の一人が、

「貴様っ」

と叫んで軍刀の柄に手をかけた。

しかし、もう一人の将校が、

「おい、やめとけ」

と止め、危機は去った。

二人が帰った後、松前が書き終えた報告書は、鈴木貫太郎内閣の閣議に提出され、大日本帝国が無条件降伏を受け入れる重要な資料となったのである。

戦後すぐ、松前は逓信院総裁に就任したが、一年足らずで辞任し、まもなく公職追放となる。追放解除後、東海大学の再建に尽くした松前は、ラジオ放送局・FM東海の免許問題では、国を相手取って訴訟を起こしたりもした。

そして、「誤れる政治は国を滅ぼす」と、一九五二年の衆院選に熊本一区から無所属で立候補し、当選を果して右派社会党に属した。その後、「新しい日本を考える会」をつくって会長となり、中道革新政権の成立をめざして挫折した。

それはともかく、飯村と松前の軌跡をたどると、数字もしくは統計偽装から戦争は始まり、統計偽装の継続から戦争は拡大するということが、よくよくわかるだろう。

第2章
“偽装政権”の主犯と共犯たち

安倍晋三

安倍陣営の〝大ウソ〟が原因だった「自宅放火未遂事件」

二〇一八年一〇月三日付『社会新報』の「この人」の欄に、ジャーナリスト・山岡俊介が登場している。「下関市長選挙妨害疑惑を裏付ける物証を得て報道する」という前書き付きだ。

二〇〇〇年の六月から八月にかけて、山口県下関市にある安倍の自宅や後援会事務所に火炎瓶が投げ込まれ、三年後にブローカーの小山佐市らが逮捕された。二〇〇〇年の七月に安倍は内閣官房副長官になるが、けっして選挙基盤は安泰ではなかった。逮捕された時点で、小山は前科八犯のその筋の人である。

ことの発端は、一九九九年の下関市長選挙だった。安倍の推す江島潔と、九六年の総選挙で安倍に対して善戦した古賀敬章が争ったのだが、古賀がその後また安倍と衆議院議員の椅子をめぐって対立するほど力をつけるのを恐れた安倍が、小山に古賀の選挙妨害を依頼したのである。

それで小山は、古賀が北朝鮮生まれで、当選させたら下関が朝鮮に支配されるという事実無根の中傷文書などをバラまいた。古賀は山口県警に告訴したが、一時間ぐらいの事情聴取をしただけだったという。

結果は、江島の大勝。しかし安倍は、小山に何の見返りも与えなかったので、小山が報復したのである。それによって小山は懲役一三年の刑を受け、二〇一八年の二月に出所した。その小山に、山岡は六時間を超えるインタビューを行ない、それをビデオ撮影もしている。

小山は、山岡に「確認書」二通と「願書」一通を見せた。いずれにも安倍の地元の筆頭秘書だった竹田力の署名捺印がある。竹田は、山口県警捜査一課の次長を経て安倍事務所に入った、元警視である。

山岡によれば、竹田は選挙妨害を安倍に報告済みだという記録がある。

しかし、安倍は小山の裁判中に首相になってしまった。二〇〇六年である。それで小山の訴えも無視されてしまった気配もある。

山岡は、これだけ大きな疑惑だから大手マスコミとも連携しようと働きかけたが、どこも乗ってこなかった。

私は『現代日本を読み解く200冊』（金曜日）に、山岡の『銀バエ――実録武富士盗聴事件』（創出版）を挙げ、

「言論の自由とかいうものは大手メディアが守ってきたのではない。それは盗聴までされながら、屈せずに書きつづけたフリーライターによって、かすかに守られてきたのである。山岡の盗聴を命じた武富士のドン、武井保雄は遂に逮捕されたが、そこに至るまでには逆に山岡の方が罪人にされかねなかった」と書いた。

さらに、山岡があるフィクサーに、武井がヒットマンを放つ準備をしていると言われたという話を付け加えた。『社会新報』は、山岡が八月七日の夜に、新宿の地下鉄につながる階段で全治一か月のケガを負う転落事故に遭い、国際ジャーナリスト組織「国境なき記者団」（RSF、本部パリ）が八月二八日付で声明を出し、日本の警察に事故について捜査するように求めた、と記している。

拉致被害者にもウソをついた安倍

過日の新潟県知事選挙に、私は二日続けて野党統一候補の応援に行ったが、二日とも、蓮池透と一緒だった。北朝鮮に拉致された弟の蓮池薫のために奮闘し、今、安倍晋三に対する最も激しい批判者となっている人物である。

彼は、東京電力の元社員として、原発はすぐにでもやめなければならないと力説していた。

その蓮池透の書いた『拉致被害者たちを見殺しにした安倍晋三と冷血な面々』（二〇一五年、講談社）と、蓮池が辛淑玉と対話した『拉致と日本人』（二〇一七年、岩波書店）は、いまこそ読まれるべき本である。

蓮池を前にした応援演説で、私は、

「安倍が拉致問題を重要だと思うなら、小泉純一郎のように平壌に乗り込め、そして、解決するまで帰って来るな」と叫んだ。

実は「解決するまで」は意図的に省略して、聴衆の喝采を浴びた。蓮池は、安倍が例によって、まことしやかにウソを言っていると指摘する。

「一時帰国」した拉致被害者に、「もう帰らなくていい」と主張したと安倍は強弁しているが、それは真っ赤なウソだという。

辛淑玉との対話から、蓮池の発言を引こう。

「安倍さんは地村保志さんたちに、『とにかく一度北朝鮮に戻って』、と頼みましたが、地村さんは拒否しています。地村さんは帰国後早い段階で翻意して、日本にとどまりたいという気持ちになっていました。帰ってきて二日目ぐらいで『（北朝鮮に）戻るのは嫌だよ』と。その地村さんに対して安倍さんは、『帰れ』と促している」

これは、安倍シンパの札幌市議会議員・勝木勇人のブログでも証明された。

二〇〇三年一月三〇日付のブログで、勝木は、当時官房副長官だった安倍の話をこう紹介しているのである。

「安倍晋三先生のレクチャーは、（……）拉致被害者の話になり、地村さんたちには、最初、『とにかく一度北朝鮮に戻って、子供を連れて帰国すべきだ』という話をしたそうです。しかし、地村さんたちは、この申し入れを断固拒否したそうです。『一度、戻ったら、二度と帰国はできない』ということだったそうです」

このブログが問題になるや、すぐにネット上から削除されたとか。

『安倍晋三と冷血な面々』の方の第一章は「拉致を使ってのし上がった男」だが、そこに「忘れえぬ安倍晋三の冷たい言葉」という節がある。「拉致被害者支援法」の冷酷さに憤った蓮池が、安倍に「国の不作為を問い国家賠償請求訴訟を起こしますよ」と迫ると、安倍はうすら笑いを浮かべながら、

「蓮池さん、国の不作為を立証するのはたいへんだよ」と答えたという。

拉致を利用する安倍の正体が見えた話だろう。

安倍昭恵

アベノミクスならぬ〝アキノミクス〟

アベノミクスならぬ〝アキノミクス〟で安倍晋三が窮地に立った。晋三夫人の昭恵について、彼女をよく知る人が、こんな昭恵像を教えてくれた。

森永製菓の社長の娘として育った彼女は、奔放な学生生活を送り、聖心女子学院の付属校に入りながら、大学には進めなかった。それで専門学校卒となっているが、そんな例はほとんど一〇〇人に一人か、もっと少ないらしい。いかなる生活を送っていたかが推測されるだろう。そのため、学歴コンプレックスが強く、森友学園の問題の小学校の名誉校長になったのが嬉《うれ》しくて、友人にわざわざ電話をよこしたという。

彼女は、加計学園の「御影インターナショナルこども園」の名誉園長もやっている。順序は御影こども園の方が先で、森友の方が後である。だから、森功は『悪だくみ』（文芸春秋）で、加計が「第二の森友」なのではなく、森友が「第二の加計」なのだと指摘している。確かに、籠池泰典と加計孝太郎では年季が違う。籠池なら安倍は切り捨てられるが、加計は「心の奥でつながっている友人」であり、「腹心の友」なのだから切り捨てられない。

もう一点、事情通から聞いた話で重要だと思うのは、晋三の父である安倍晋太郎は、カネ集めがあまり得意でなく、それで晋三が昭恵と結婚してからは、昭恵の実家および森永製菓からかなりの額の政治資金の提供を受けていたということである。昭恵のある種の暴走を、晋三と姑の洋子が制止できないのは、それを知るとよくわかる。ということはもちろん、カネの切れ目は縁の切れ目にもなりうるということである。

明らかに昭恵が関わっている森友疑惑、そして、こちらは晋三本人が関与していると思われる加計疑惑について、「行政がゆがめられた」と発言した前文科次官の前川喜平は、『週刊朝日』の二〇一八年三月三〇日号で、こう発言している。

「忖度《そんたく》ではなく、官邸にいる誰かから『やれ』と言われたのだろう。私は、その〝誰か〟が総理秘書官の今井尚哉氏ではないかとにらんでいる」

いまや、〝影の総理〟とまで言われる今井は、経産省出身で、昭恵付きの五人の秘書の一人だった谷査恵子の上司である。今井は、かつて、アベノミクスはどんどん批判してもらっていい、それで疑惑などの本質が隠されるから、といった意味のことを言っていた。

もう一人、昭恵が「男たちの悪だくみ」と書いた安倍と加計が並んでいる写真に同席していた萩生田光一がいる。内閣官房副長官だった萩生田は現在、自民党の幹事長代行だが、今井と萩生田が「総理のご意向」の下に、官僚たちに改竄《かいざん》までさせたと見ることができる。

もちろん突破口は森友疑惑だが、それ以上のことが加計疑惑で行われていることを忘れてはならないだろう。それにしても、お粗末きわまりないソウリである。

櫻井よしこ

植村隆の裁判で露見した、櫻井の〝歴史の捏造〟

『『国賊』植村隆の娘である○○○（脅迫状では実名）を必ず殺す。期限は設けない。何年かかっても殺す。何処へ逃げても殺す。地の果てまで追い詰めて殺す。絶対にコロス」

勤務先の北星学園の学長宛てに、こんな脅迫状を送られて、植村隆は足が震えたという。

植村隆は、『朝日新聞』の記者時代に、従軍慰安婦について「捏造記事」を書いたというのだが、当時は『産経新聞』も似たような記事を書いていた。それなのに、『朝日』の元記者だからということで、植村への異常で執拗な攻撃が始まったのである。

二〇一四年八月には、インターネット上に、植村の一七歳の娘の顔写真と名前がさらされ、「こいつの父親のせいで、どれだけの日本人が苦労したことか。自殺するまで追い込むしかない」と書かれた。この植村攻撃の先頭に、櫻井よしこが立っている。それで植村は、札幌地域に櫻井を訴える裁判を起こした。

二〇一六年四月二二日に開かれた第一回の裁判の意見陳述で、植村は、

「櫻井さんは（金学順さんの起こした裁判の）訴状にないことを付け加え、慰安婦になった経緯を継父が売った人身売買であると決めつけて、読者への印象をあえて操作した」と主張し、「これはジャーナリストとして、許されない行為だ」と指弾した。

当日、訴えられた櫻井も札幌地裁に現われて意見陳述をしたというが、植村を「捏造記者」と一方的に断定した根拠が崩れ、危機感を抱いていたからだろう。

その後の集会で、私は「櫻井よしことは何者か」という話をした。植村と会ったのはこの日が初めてだったが、これだけのヒステリックな攻撃を受けながら、明るさを失わない植村に、救われる思いがした。

「よくぞ耐えて、ここまで闘ってきてくれた」と、感謝したい気持ちだったのである。

櫻井と私は、同じ一九四五年生まれである。櫻井はベトナムの野戦病院で生まれている。だから生まれ落ちるとすぐ、反中国の考えに染まり、以後、それを捨てないできた。一九四九年に中国は共産主義の国になり、櫻井の頭のなかで反中国イコール反共産主義となる。

中国に対して日本は侵略したのだから、当然、謝罪しなければならないが、反中国の立場から、櫻井はそれを拒否する。また、現在の中国東北部・旧満州に「満洲国」をつくった岸信介と、その孫の安倍晋三も中国に謝罪したくない。謝罪することは岸の罪を認め、岸が首相になったのはとんでもないという当然の論に結びつくからである。

そこに、安倍晋三と櫻井をつなぐポイントがある。

私は、岸が首相になったことは、日本が本当に謝ってないことを意味すると強調しているが、櫻井の反中国意識が安倍との接近を生んだ。夜にかける櫻井の電話に、安倍は必ず出ると言われるが、お互いに洗脳しあっているのだろう。

百田尚樹、ついでに三浦瑠麗、ケント・ギルバート

百田と三浦の薄っぺらさ、ケント・ギルバートの悪人相

田原総一朗が仕切るテレビ朝日の『朝まで生テレビ』は、もう三〇年近くになるという。他人の話を聞かず、自説だけを吠え合うようなこの番組はあまり好きではなかった。だから、田原から出演を求められても断わっていたのだが、一九九〇年一月一八日に長崎市長だった本島等が「天皇の戦争責任はある」と議会で発言して右翼に撃たれたときは、覚悟を決めて出た。それから二七年。

二〇一七年五月二六日の深夜に二度目の出演をした。テーマは「憲法改正と安倍政権」。田原を除けば、自民党の平沢勝栄と私が同じ一九四五年生まれで最年長だった。そのときは安倍のお友だちの百田尚樹が初出演だったが、彼の薄っぺらさが露わになった。

控え室で、東大大学院教授の井上達夫が百田を挑発して、百田に「上から目線で、なぜ、言われなければならないんですか」と泣き言を言わせる。その後で、井上は私に、「最初、ガツンとやっておかないとね」と笑っていたが、学者とは思えぬたくましさである。

井上は法哲学専攻だが、若いときに岸井成格たちと勉強会をやっていたという。岸井と私が同期で入っていたゼミの先生の峯村光郎は法哲学会の理事長だった。そんなこともあって、井上と話がはずむ。

本番が始まっても強力な味方で、主に百田を粉破していたが、私は「与党は自民党だけでなく、公明党も入っていて、公明党はコウモリ党だ」と批判したら、隣にすわっていた井上が「そこまで言うのか」という感じで、私の肩を叩いていた。井上は、百田に「ホンモノの右翼なら、いいかげんな改憲案を出すな、と安倍を叱れ」と面罵し、百田をオタオタさせた。

私も百田に、「加計学園のことを、あなたはおかしいと思わないのか」と尋ね、答えに窮した百田は言葉に詰まって、「いまは前川メモの話をしているのだ」と逃げた。

ヘイトスピーチまるだしのような本を出したケント・ギルバートとは、かつて、TBSの『サンデーモーニング』で一緒だった。しかし、これほど人相が悪くなるものかと思うほど、明るさがなくなった。モルモン教の布教で日本に来たらしいが、商売としてヘンな本を書いているうちに、あの悪相になってしまったのだろう。

一番腹が立ったのは、国際政治学者とか称する三浦瑠麗である。こんなのが、いま、メディアにもてはやされているのか。中身のなさでは、百田と好一対ならぬ醜一対。考え方にまったく若さがなく、どっちつかずのことをもっともらしく解説する。『週刊文春』にコラムを書き、田原もけっこうかわいがっているようだが、一時期の片山さつきを思わせる。

自分はアタマが良いと勘違いしていて、いろいろなことを知っていると思っている。しかし、現実の動きは理論を超えるのに、それがわかっていない。こんな解説屋がはびこるのは、メディアも解説に堕しているからである。

百田と安倍晋三の下劣

世界の「報道の自由度」ランキングでは、日本は韓国やモンゴルより下の七二位だが、安倍晋三を遮二無二に応援する百田尚樹や櫻井よしこ、あるいは橋下徹にとっては、まったく不自由ではないだろう。日本ほど言いたい放題言える国はないに違いない。

百田は先年の講演で、自分に批判的な『沖縄タイムス』の記者・阿部岳の名前を二二回も連呼して、くり返し罵倒した。『月刊日本』によれば、百田の下劣な放言はこうだという。

「まともな記者が正しいことを書いても上のデスクにつぶされる。あるいは無理やり偏向させられる。出世もしたい。阿部さんはもう、悪魔に魂を売った記者だ。家に帰ったら嫁さんがいる。娘さんがいる。知らんけど。中国が琉球を乗っ取ったら、阿部さんの娘さんは中国人の慰《なぐさ》み者になります。それを考えてください。給料アップのために、沖縄全体をおとしめるような記事を書かないでください」

沖縄を貶《おとし》めているのは誰か、という話だろう。それは百田以外にいない。これについて阿部岳が『沖縄タイムス』で触れると、百田はツイッターで、

「講演中、沖縄タイムスを強く非難しましたが、阿部記者を非難してはいません。多少いじりはしましたが」と弁解したらしい。

しかし、「慰み者になります」というのが「多少いじりはしました」となるのか。だいたい、阿部に娘はいないのだという。その軽佻浮薄さにおいて、百田は安倍と一致する。これには自民党の長老たちも危機感を抱いている。

たとえば元副総裁の山崎拓は、「黙れ」「うるさい」「俺の言うことを聞け」「俺が正しいんだ」と言うばかりでこれは討論ではない、と批判する。

「やじに対して自分もやじる」「レベルが低過ぎる。そのレベルで日本の政治を任せているのは恐ろしいことだ」というわけである。

先ごろ亡くなった元官房長官の野中広務は、「偏ったブレーンを集めている」「非常に誤った道を歩みつつある」、と警鐘を鳴らしていた。野中とは、橋下徹が最初に大阪市長選に立ったとき、対立候補の平松邦夫の応援の選挙カーで一緒になったが、「私の遺言と思って聞いてほしい」と橋下を批判していたのが忘れられない。

元参議院のドンの村上正邦の次の指摘も、たぶん、安倍の耳には届かないだろう。

「安倍総理の周辺は茶坊主ばかりだ。総理をかばって虚偽答弁ばかりを繰り返す。耳が痛いことは誰も言わない。総理は自分が『裸の王様』になっていることに気付いていないんだ」

もちろん、安倍だけの問題ではない。与党にいる公明党は、虚偽答弁を繰り返した佐川宣寿元国税庁長官の国会招致を拒否しているからである。

二階俊博

「自民党に戻らない」と言明していた二階俊博

『週刊新潮』（二〇一六年三月二四日号）に「ラスボス」（ラストボスのこと）と持ち上げられる自民党の大実力者・二階俊博のご愛息が、地元の市長選に立候補しようとしているが、評判が最悪だという記事が載っている。二階が訪中すれば「習近平」、訪韓すれば「朴槿恵」が出迎えるほどの大物なのにと、中国嫌いの『週刊新潮』は冷やかし気味なのである。

しかし、「自民党の大実力者」の二階は、ズーッと自民党だったわけではない。小沢一郎の側近として自民党を離れ、自由党に籍を置いたこともある。

そんなことは、いまは忘れられた形だが、自民党と自由党の連立に汗をかいたのは、当時自民党の国会対策委員長の古賀誠と、自由党国対委員長の二階だった。

言うまでもなく、二階はいま、自民党に戻って幹事長であり、一強と言われるほど独裁的な安倍晋三が、唯一、気を使わなければならない存在となっている。

二階が自由党にいたのは、わずか二〇年ほど前のことだが、いずれ、自民党に戻るのではないかと問われて、こう否定している。このくらい鉄面皮の人間でなければ、「自民党の大実力者」になれないのだろう。二階の否定の言を引く。

「そんなことするなら、わざわざ自民党を出ていく必要はなかった。そのようなことは日本の国のためにならない。自由党の存在があってこそ初めて、これだけの大改革が一挙にできた。自民党にだけ任せておけば、あと二〇年はかかっただろう。国民もそんなことは、期待していない。これからも政策でお互いに切磋琢磨《せっさたくま》していくことになる」

この言葉に反して、自由党という政党は、いま、影が薄い。

自公連立に進む前、それに反対していた自民党幹事長の加藤紘一と幹事長代理の野中広務は、新進党（自民党から出た小沢一郎のグループ＋公明党ほか）からの一本釣りを総務局長（当時）の古賀誠らに指示していた。新進党から自民党に戻って、古賀とともにその工作に尽力した杉山憲夫が、魚住昭の『野中広務 差別と権力』（講談社文庫）で、こう回想している。

「あのころ、古賀ちゃんとよくこう言いあったもんだ。『釣具屋の社長が加藤紘一で、専務が野中で、俺と誠ちゃんは社員みたいなもんだな』って、だって加藤さんと野中さんが新進党の連中を釣ってこいと言うんだもん」

自民党・社会党・新党さきがけの自社さ連立派だった加藤・野中組と、小沢と組んでも自民党中心の政権に戻そうとする梶山静六らとの権力争いでもあったこの戦いは、一時、加藤・野中組の勝利で決着がつく。

しかし、野中はその後、公明党を巻き込んでの自公連立に戻る。

いわゆる暴力団と公明党の実力者との「密会ビデオ」問題で、野中は完全に創価学会の弱みを握り、「大実力者」となっていった。

鈴木宗男

親父の裏切りと子不孝

「佐高信 政治塾」の講座（二〇一六年一月）での対談で、鈴木宗男は、安倍晋三や石破茂などのボンボン政治家を指して、私にこう言った。

「どうもいまの権力の中枢にいる人たちは、精神的な余裕というか心の広さ、あるいは穏やかさ、緩やかさ、若干《じゃっかん》脇を緩める余裕がないように見受けられます。しかも、間違った使命感で硬直化してしまっている」

そして、次のように批判したのである。

「改革というのは民衆からの、下から目線の改革でなければなりません。真の改革は下からの盛り上がりがなければいけない。小泉（純一郎）さんだとか安倍さんだとかの上から押し付けるやり方は改革ではなくて、明らかに圧力なんです。真の改革は下からわき上がる声だということを私はいつでも肝に銘じていたいんです」

こんなにも激しく批判した自民党と一年も経たずに手を結び、娘の貴子を民主党から離党（除名）させた鈴木宗男には「裏切られた」という思いしかない。

彼を描いた大下英治の『田中角栄になりそこねた男』（講談社）に、高校の後輩の歌手・松山千春に鈴木宗男が語りかける場面がある。

「チー（松山千春のこと）な、おれの票は、表札のかかっていない票なんだよ。俺を支えてくれるのは、門を構えて看板をかかげているようなお宅じゃない。表札のないお宅が、おれに入れてくれるんだ」

北海道の衆議院議員補欠選挙（二〇一六年四月）で、自民党と公明党が推す候補者を応援するのは、こうした支持者への裏切りでもあるだろう。リッパな表札を掲げている安倍や麻生太郎と手を組むわけだからである。

二〇〇〇年の総選挙のとき、鈴木宗男は自民党の選挙を担当する総務局長だった。それで、比例と重複していない自民党の純粋な小選挙区候補者に、

「小選挙区は自分と書かせ、比例区は公明党と書くように訴えろ」と指示し、

さらに「公明党の応援を死ぬ気でやれ！」とハッパをかけた。

このときの恩があるために、鈴木宗男の疑惑が問題になったときも公明党は強く攻撃せず、マスコミも公明党が宗男をかばっていることについてはほとんど沈黙していたという。

鈴木宗男は共産党とは手を組めないと強調しているが、つまりは公明党すなわち創価学会と連携するということである。それが娘のためにもいいと思ったのだろう。

坂口安吾が『二流の人』で、こう言っている。

「（豊臣）秀吉は悟らないのだ。人間は子供の父になることによって、子供よりも愚かなる子供になることを」

ある心理学者が、アクの強い人間ほど自己愛が強烈で、その自己愛の変形として子を溺愛する、と指摘しているが、鈴木宗男は親不孝ならぬ〝子不孝〟をしているのではないか。

「気になる50人」からはずした鈴木宗男

『ダイヤモンド・オンライン』で連載した「佐高信の一人一話」を『敵を知り己れを知らば――佐高信の気になる50人』と改題して岩波書店から出したが、鈴木宗男の項だけは入れなかった。

櫻井よしこや小池百合子も取り上げているので、「敵」だから鈴木を除いたわけではない。娘の鈴木貴子を、民主党の推薦で当選させて、その後、自ら後押しをして自民党の会派入りをさせるという無節操がガマンならなかったのである。

父親ともどもTPP反対をずっと訴えてきたのに、娘はTPPが衆議院特別委員会で強行採決された日（二〇一六年一一月四日）に結婚披露宴をやった。これには、安倍晋三が特別委を途中退席して駆けつけたらしい。

二〇一六年一一月八日付の『日刊ゲンダイ』は、二〇一三年夏のブログで、娘がこう書いていると批判している。

「一貫して『TPP断固反対・断固阻止』を掲げている新党大地」

「政府がTPP交渉に正式参加をしましたが、交渉が始まった今、『断固反対』の声をさらに強く訴える必要があるのではないでしょうか」

「TPPの集会や会合に出るたびに学ぶことがある。それは政治家は言葉に責任をもつべきだということ、（中略）政治家ならば矢面に立たされようとも盾となろうとも信念をもち闘う決意と覚悟を示さなくてはいけない」

もう何をか言わんやだが、宗男は北方領土問題がらみで安倍に近づいたのだとも言われる。しかし、本当にロシアは返す気があるのか。

私には、小沢一郎の次の指摘の方が当たっているように思う。

「根本的な解決になるようなことにはならない。ロシアは絶対に返さない。だって、現に（北方領土に）軍事基地をどんどんつくっている。戦争で取った領土を返したのは米国だけだ。小笠原と沖縄を返した。ロシアは戦争のたびに領土を増やしてきた国だ」（『サンデー毎日』二〇一六年一一月二〇日号）

自民党の次の世代の実力者としてブイブイ言わせていたころの鈴木には、脂ぎった感じがして近づきたくなかったと言ったら、鈴木は、あのころは前しか見えていませんでした、と振り返った。

しかし、喉もと過ぎれば何とやらなのだろう。私はいま、二〇一四年の山形と仙台で開いた「佐高信 政治塾」の講座で、鈴木に講師を頼んだことを後悔している。あのとき鈴木は、一緒に乗り込んだ新幹線でチョコボールを出し、私に勧めた。

「私たちの子どものころは、チョコレートやバナナは貴重品でしたよね」

と言ってである。

新聞も何紙も読んで印をつけていたが、どの立場から、どう読むかで、知識も変わってくることを鈴木はわかっているだろうか。

石原慎太郎

幼残――〝無意識過剰〟で醜態をさらす子供

私は毎年出す時評集に『石原慎太郎の老残』（毎日新聞社）という題名をつけたことがある。「老残」とは老いて醜態をさらすことだが、先年のぶざまな記者会見を見ていて、「老残」ではなく、「幼残」ではないかと思った。つまり、石原は一度も成熟したことがなく、子どものままに年を取っただけなのではないかということである。

そして、本棚から『江藤淳全対話』（小沢書店）の第二巻を取り出し、そこに入っている石原と江藤の対談二つを読んだ。いまから五〇年前の対談では、石原はこんなことを言っている。

「小説家というのは、変なふうにわがままではなくなったね、文壇付き合いとか読者との関係だけじゃなしに政治運動なんかに対しても、非常にわがままでなくなった」

そのころも石原は十分に「わがまま」だったと思うが、石原の自己認識はこうなのである。それより二年ほど前の対談、石原が三〇代半ばの対談では、こう言っている。

「ぼくは作家でもなければ政治家でもない。けっきょくぼく自身でしかない。それで沢山だな……」

「僕は政治を、僕自身の表現の一つの方法として選んだわけでね。じゃ何を表現するのか。自分の存在論を表現する」

こんな石原を、江藤は「無意識過剰」と評した。つまりは最も政治をやらせてはいけない人なのである。

この対談では、江藤が、

「きみはきびしく自分をアナライズなんかしないよ」

と攻め込み、石原が、

「いや、している、している」

と反論すると、

「しているつもりだろうけども、きみは絶対にしていないよ。ぼくはそれだけは確信する」

と返される場面もある。

「きみには作家として解決すべき問題があった。……作家というか、むしろ人間としてこんどの出馬を決心するまでに解決すべきことがあった。それは青年ではなくなりつつある自分をどうするのかという問題だ」

「きみがこんどの選挙で三百万票とったために、すっぽ抜けてしまった問題があると思う。〝成熟〟という問題だ。それに君は復讐されないようにしろよ。きみは政治家になったばかりで、いまはまだ興奮さめやらないときだし、あしたから国会も始まるし、景気のいいことをいっているけれども、きみにとっていちばん問題なのは、その宿題にした問題だよ」

石原より一歳下の江藤が指摘した宿題を、石原は果たさずに死ぬのだろう。

小池百合子

平気でだます〝女装知事〟

ちょうど二〇〇〇年に『週刊金曜日』のコラム「風速計」に、「女装知事」と題して、大阪府知事となった太田房江を批判したことがある。

『毎日新聞』の大阪本社版で、日本婦人有権者同盟会長の紀平悌子が、

「男性支配の官僚組織にまみれず、女性特有の潔癖さを持ち続けてほしい」

と期待の弁を寄せ、法政大学教授（当時）の田嶋陽子も、

「横山（ノック）前知事の強制わいせつ事件の後だけに『女性に知事をやらせよう』と選択した大阪人の心意気を感じる」

と語っていることに、違和感をおぼえたからである。求められて、私が事前に出したコメントはこうだった。

「太田さんは、特定の宗教団体支援や〝強姦発言〟をした衆院議員が所属する政党の推薦を受けて当選した。そういう意味ではカムフラージュとしての女性でしかない。女装した知事だ」

自民党大阪府連は別の候補を立てたので、太田を応援したのは強姦発言の西村真悟の属する自由党と公明党（創価学会）、それに民主党だった。西村に応援されて平気な太田に、どうして「女性特有の潔癖さ」が求められるのか。また、強制わいせつ事件を払拭するような「心意気」が感じられ

るのか、私にはまったくわからなかった。

元通産（現経産）官僚の太田は、かつて、大蔵の接待汚職事件について、

「官僚が毎晩、手土産の紙袋を提げて帰宅するなんて当たり前。逮捕された元課長補佐が特段悪いなんて思わない」

と放言した人でもあったからである。

「女」であるということだけで期待する傾向は、現都知事の小池百合子に対しても感じられる。元都知事の石原慎太郎と小池は仇敵のように論じられるが、思想というか考え方においては大した違いはない。だいたい、小池の父親は、石原の考え方に共鳴して石原を応援した人だった。

現在、森友学園問題に関連して、籠池泰典が大阪の幹部だった「日本会議」がクローズアップされているが、同会議の国会議員の団体の小池は幹部だった。言ってみれば、籠池と小池の間にそれほどの思想的な違いはないのである。その証拠に、当選直後に小池が特別秘書に任命した元都議の野田数は、朝鮮学校への補助打ち切りを強力に進めた人物である。

また、小泉（純一郎）政権時代に、第一号の刺客になったことでわかるように、小池は竹中平蔵が推し進める新自由主義に親近感をいだいている。また、小池の率いる「都民ファーストの会」は公明党と連携するが、それも太田房江と同じである。それなのに、地域政党の「東京・生活者ネットワーク」は「都民ファーストの会」と選挙協力に合意した。

小池は環境大臣時代、「クール・ビズ」などには熱中したが、反原発には冷淡だった。「生活者ネット」は反原発の旗は降ろしたのか？

いずれにせよ、ネットのママたちが「女装」の小池に見事にだまされたとしか、私には思えない。

公明党との関係をめぐる人物絵図

先日の『夕刊フジ』に、民進党から離れた長島昭久について、「家を出て たどり着きたい 百合の里」という川柳が紹介されていた。

自民党に近いタカ派と言われていた長島は、小池百合子の下に「たどり着きたい」のだというわけである。

小池はけっしてハト派ではない。公明党が都議会選で小池と手を組むのも、とにかく〝勝ち馬〟に乗りたいという魂胆なのだろう。そこには理念も理想もない。

大下英治の『挑戦』(河出書房新社)という「小池百合子伝」に小沢一郎についての、興味深いエピソードが出てくる。

小沢とともに歩いていた小池は、自民党の野中広務から選挙で公明党に小池を応援させるという切り札を示されて小沢と袂を分かち、保守党に走ったと言われるが、大下の「小池伝」では、そこはもう少しキレイゴトに描かれている。

小池は、国旗・国歌法には賛成、外国人参政権には否定的という立場だったが、小池が属していた自由党の大勢もそうだった。党首の小沢も心情的にはそうだったと思うが、公明党を取り込むという観点から、党内議論とは別に、国旗・国歌法に反対、外国人参政権に賛成とした。「理念カード」と「政局カード」を使い分ける小沢が、このときは「政局カード」を切ったのである。

小沢は公明党と一緒だった新進党時代、小池にこう語っていたという。

「みんな、公明党に擦り寄ろうとするが、それは間違いだ。脅かすことがコツなんだ」

小沢の国旗・国歌法、外国人参政権への対応は、この「公明党は脅かせばよい」とは矛盾している。これは小池にとって衝撃であり、これを契機に小池の小沢離れが始まったのだとか。

しかし、小池の率いる「都民ファーストの会」はいま、公明党に擦り寄っている。いや、公明党が擦り寄っているのだと小池は言うかもしれないが、いずれにせよ、理念なき公明党ならぬ〝コウモリ党〟と手を組むのは、私には「改革」とは思えない。

ついでに言えば、一九九三年の衆議院議員選挙で日本新党から出て当選した小池の選挙区は兵庫二区だったが、中選挙区制の同じ選挙区でこのとき、次点に泣いたのが自民党の鴻池祥肇だった。

森友学園の籠池の訪問を受けて、「無礼な!」と叫んでカネを返した、という記者会見をした鴻池である。鴻池は小池の父親の勇二郎と親しく、鴻池の秘書をしていたのが、小池家に書生のような形でいたこともある浜渦武生だった。都知事時代の石原慎太郎に副知事として仕えた浜渦である。

それで小池はそのとき、浜渦に、

「ごめん、そんなつもりじゃなかったんだけど」

と謝ったとか。小池の思想がわかる人物絵図だろう。

宮内義彦

追従的サラリーマンの見本

二〇一七年八月一五日付の『日刊ゲンダイ』に、オリックス元球団代表の「辣腕《らつわん》フロントマンがすべてを明かす球界への遺言」が載っている。

連載四四回目で、そこに球団オーナーの宮内義彦から、早朝、電話が入るとある。

「きのうはどうしたんだ！」

「なんで、あんな場面でピンチヒッターを使うんだ！　あれは、どういうわけだ！」

前夜のゲームでオリックスが負けたことが納得できなくて、怒鳴るのだという。一緒に観戦していて、劣勢だとカッカし、

「どうして、こんな選手を使うんだ！」

「それみたことか。三振じゃないか！」と凄い勢いでまくしたてる。

それでも最後には「あくまでもファンの声だからな」と言って、命令したり、強権を発動したりすることはなかったというのだが、オーナーの怒声は「命令」や「強権」そのものではないのか。

あえて名前は書かないが、この球団代表が辞めることになり、宮内のところに挨拶に行き、

「ひと言、お礼を言います」と言上し、

「自由にやれたので助かりました」と続けたら、宮内は笑ったとか。これを読んで、私は〝追従〟

の見本だなと思った。この対応だけを見ても、〝宮内老いたり〟という印象が強い。

新日本製鉄の副社長から九州石油の社長に転じた、飯村嘉治の皮肉な話が忘れられない。

飯村は、青二才だった私がどんなに新日鉄を批判しても、会うことを拒まなかった。あるとき、「ゴマのすり方にも、いろいろあるんだよ」と言われた。

上司が巨人ファンのの場合、自分も巨人ファンになって「昨日は勝って、よかったですね」と喜びあうのは初級の段階で、巨人より弱いチーム、たとえばヤクルトのファンになって、「昨日はよかったですね。私は残念です」と声をかけるのが、より上級のゴマのすり方なのだというのである。

上司には、勝った喜びのうえに、負けたヤクルトファンを見下す喜びが加わるのだとか。今から四〇年も前の話だが、サラリーマン社会もたいへんなものだなと思ったことを憶えている。

宮内は、竹中平蔵をバックアップして規制緩和の旗を振り続けてきた、新自由主義ならぬ〝ジャングルの自由主義〟推進の黒幕的財界人である。私は、彼をオリエント・リース（現オリックス）の社長として知った。宮内を引き上げた乾恒雄は三和銀行のニューヨーク支店長をした人で、実に洒脱な経営者だった。

私は、乾と宮内を「師弟」として『夕刊フジ』で書いたが、乾が亡くなったら、宮内はピタリと私の取材に応じなくなった。竹中と宮内を並べて批判したからだろう。あるいは乾も、宮内に〝追従〟をたくさんされて社長にしてしまったのかもしれない。ちなみに宮内は、小池百合子の以前からの後援者である。

前原誠司

〜小池にはまって、さあたいへん……

苦労はしたらしいが、それが身についていないのが前原誠司である。松下政経塾ならぬ松下未熟塾に学んだからだろうか。

前原は民主党の代表だったときに、一度、大失敗をやっている。子どもだましの〝偽メール〟を信じた元大蔵官僚の代議士・永田寿康に、衆議院の予算委員会で質問することを許し、永田が議員辞職に追い込まれた挙句、前原ら執行部は総退陣を余儀なくされた。その後、永田は自殺している。

当時の民主党の国会対策委員長が野田佳彦で、松下政経塾の先輩でもある野田のゴーサインを信じた前原は、墓穴を掘った。信ずべき人間と信じてはいけない人間の区別がつかないのである。

もちろん、政治的な駆け引きはあるが、小池百合子など、最も信じてはいけない人間だろう。彼女の野望まるだしの「希望の党」ならぬ、〝野望の党〟は原発ゼロを掲げている。しかし、小池はあの東日本大震災で東京電力の福島原発がとんでもないことになった直後に、自民党総務会長として、原発再稼働をやると宣言しているのである。そんな「出まかせ百合子」もしくは「出まかせ鬼百合」をどうして信じられるか。

また、エジプトのカイロ大学に学んで、日本アラブ協会の事務局長などをやっていた小池が「トルコ風呂改称運動」が起こったとき、厚生省などに働きかけて、「トルコ風呂」という名称を止めさせた。そして、ソープランドとなったわけだが、これが「朝鮮風呂」とか、「韓国風呂」と呼ばれていたら、ノータッチだったのだろう。

関東大震災の時の朝鮮人虐殺を追悼する集会に、都知事としてメッセージを送るのをやめたことで朝鮮人差別は証明済みである。小池の認識は、ほとんどネット右翼のヘイトスピーチと変わらない、と言わなければならない。

そんな差別大好き人間だから、排除の論理を持ち出して選別するのはわかりきったことだった。希望の党との交渉で、民主党が格別弱い立場にあったわけではないのに、前原が小池に押し切られたように見えるのは、前原がひ弱くて甘いからである。

前原について、慶大教授の井出英策とともに家庭教師を気取る元外務官僚の佐藤優が、井出、佐藤、前原の共著の『分断社会ニッポン』(朝日新書)で、こう書いている。

「私は前原誠司氏が好きだ。それは政治信条が近いとか、北方領土問題に真剣に取り組んでいる政治家だからという理由だけではない。私は前原氏を人間として好きなのである。そして尊敬している」

これは典型的なホメ殺しだろう。

佐藤の腐れ縁の兄貴分、鈴木宗男は、最初は反安倍(晋三)的ポーズをとっていたが、現在は完全に自民党である。

また、佐藤は池田大作の代弁者かと思えるほどに創価学会に傾斜し、公明党ベッタリ。そんな佐藤が自民党と公明党の連立政権を本気で崩そうと思うはずがない。

しかし、前原はそれを見抜けず、民進党を小池に売り渡し、リベラル勢力を崩壊させる策謀に乗ってしまった。

猪瀬直樹、ついでに東浩紀、萱野稔人

洒落くさい猪瀬、それを都知事に押した東浩紀・萱野稔人

東浩紀が選挙への「積極的棄権」を主張したことについて、中島岳志が『東京新聞』の「論壇時評」で言及していた。しかし、私はそれを「シャラクサイ」としか思わなかった。なぜかと言えば、私は東浩紀という人間について根本的に不信感を持っており、「積極的棄権」も奇をてらった提案にすぎないと一蹴していたからである。

東浩紀が馬脚を露わしたと思ったのは、東京都知事選挙で猪瀬直樹を応援したときだった。わずか六年前のことだが、ほかにこうした面々が猪瀬を応援した。サッカーの川淵三郎、作曲家の三枝成彰、ピアニストの熊本マリ、スポーツライターの玉木正之、弁護士の紀藤正樹、建築家の安藤忠雄、エコノミストの勝間和代、パソナ会長（慶大教授）の竹中平蔵、そして批評家と名乗る東浩紀である。

私はこのとき、選挙直前に『自分を売る男、猪瀬直樹』（七つ森書館）を緊急出版したが、〝本物のニセモノ〟である猪瀬の正体を見抜けなくて批評家などと言えるのか。東浩紀は柄谷行人とともに支持する人が多いが、私はその言説にまともに向き合う気になれない。

森喜朗は『遺書』（幻冬舎）で、猪瀬についてこう言っている。

「オリンピックの誘致をした知事だということで、猪瀬元知事は当然自分が組織委員会の会長になると思っていたらしい。ところが、知事自身は会長になれないというルールがあり、彼は名誉会長になろうとしたようです。そして会長に竹田（恒和）さんを立て、誘致に大活躍した水野（正人）JOC副会長を事務総長にする。という布陣を敷いた。もう既に、その名刺まで全部刷ってあったそうです。私は見ていないけれども、名刺を見た人がいっぱいいる」

肩書大好きな人間の猪瀬なら、さもあらんと頷ける指摘だが、猪瀬は自分が辞任せざるをえなくなったのも森の陰謀だとほざいているのだとか。

森の告白を続ける。

「最近、猪瀬元知事がテレビの報道番組で、私は会長には経済人がいいと思っていたのに、森喜朗が自分でやりたいものだから、その席を奪っていった、という趣旨の発言をしています。それだけではなく、知事を辞めた五千万事件も、自分を辞めさせるための、一部の都議と共謀した森のはかりごとだ、と平然と愚かなことを語っています」

森も政治家よりは財界人がいいと思って、いろいろ動いたのだという。しかし、結局、引き受ける人がいなかった。

猪瀬は、二〇一七年一月に『東京の敵』（角川新書）という本まで出して森を攻撃した。そして小池知事誕生に自分は一役も二役も買ったような顔をしてテレビでしゃべっていたが、みんな〝五〇〇〇万円不正献金事件〟を忘れてはいない。津田塾大教授の萱野稔人も猪瀬を応援していたが、東浩紀と同様、甘いものである。

古市憲寿

古市と曽野綾子との共通点

佐藤優が『日刊ゲンダイ』（二〇一六年一二月五日付）で、古市憲寿の『古市くん、社会学を学び直しなさい!!』（光文社新書）をオススメしているので驚いた。この本は、古市が師の上野千鶴子をはじめ、宮台真司ら一二人の社会学者にインタビューしたのをまとめた本である。

古市は『週刊金曜日』の雨宮処凛との対談で「右翼も左翼も、若者は戦争を知らないと思っていて、『教育』をしようとします。でも、戦争や歴史を知らなくても、マジョリティの若者たちは、そこそこ現代の日本という国に満足しているし、誰かを過度に攻撃することもなく幸せに暮らしている。これで別にいいじゃないかとも思うんです」と発言し、雨宮に、いま若者は排外主義やヘイトスピーチに流れている、と反論されている。

古市は「実は僕、『戦争』にあまり興味なくて……」とも漏らしているが、これを読んで私は、古市は「差別」に興味がないと居直った曽野綾子と同じだと思った。

曽野は、

「どうして差別問題を是正しようとする人は、こうも差別を知らせること、教え込むことに熱心なのだ!? それは、東京の住人に対するこの上もない非礼で、私はそれをずっと我慢し続けてきた。彼らこそ、差別の急先鋒、差別を知らない人にも差別の仕組みと感覚を教え込む元凶だろう」と見当違いに非難しているが、古市の口吻と何と似ていることか。

そんな古市を育てた上野に対して、私は教育責任、もっと言えば〝製造物責任〟を問うたことがある。

〝おばちゃん党〟の憲法学者、谷口真由美も、古市はまったくダメという烙印を押し、私と同じように、そんな古市を世に出した上野の責任を追及している。

曽野が疑問もなく「私たち東京人」と言い、古市も「マジョリティの若者たち」を代表するような顔をして発言していることが問題なのである。それは単に彼らの視野狭窄を表わしているにすぎない。

しかし、佐藤はそんな古市の言動を批判することなく、ただただ、古市の「天賦の才能」を礼讃し、こう結論している。

「アカデミズムも論壇もねたみややっかみが渦巻く世界だ。古市氏のような優れた才能を、学界の権威が自覚的もしくは無自覚な嫉妬心から潰しにかかってくる危険がある。もっとも一二人の社会学者を味方につける外交力を古市氏はもっているので、そう簡単に潰されることはないと思う」

佐藤はよく「嫉妬ややっかみ」に触れたがる。佐藤自身のなかに、それが渦巻いているからである。数の多少に左右されない発言を続けている者には、それは問題にならないのだが、佐藤はもう一つ自分に自信がないのだろう。

一二人の社会学者の一人の宮台と佐藤はトラブルがあったはずだが、自らの外交力で、それは解消させたのか。「古市本推薦」で改めて佐藤との距離を考えさせられた。

第3章

“偽装政権”を支える創価学会と公明党

NHKに忍び寄る創価学会の影

NHKへの安倍政権の介入が問題になっているが、それは自民党によるものばかりではない。連立を組む公明党の影響力も見逃せないほどに大きい。公明党、すなわち創価学会の影響力である。

相沢英之、司葉子夫妻の息子と結婚した相田翔子が、ドラマの主役に抜擢され話題になったことがあったが、相田は学会員として有名である。

ドラマと言えば、評判の朝の連続ドラマだった『あさが来た』(二〇一五年放映)。この原案本『小説 土佐堀川』は、潮文庫から出ている。古川智映子著のそれは、一九八八年に潮出版社から出て、二〇一五年に潮文庫に入った。

『潮』や『パンプキン』という雑誌を出している潮出版社は、創価学会系の出版社である。『潮』には私も一時よく書いていたが、公明党が自民党と組んで政権に参加したのを機に書くのをやめた。同調してくれたのは鎌田慧だけだった。

主人公の女性実業家・広岡浅子は、時代から言って学会員ではないだろうが、役者その他にはかなり学会員がいると思われる。ちなみに『小説 土佐堀川』の解説を書いている作家の宮本輝も学会員として知られる。

宮本については、こんなことがあった。激しく創価学会を批判する『週刊新潮』を発行する新潮社の社長が、元学会員の信平信子が学会名誉会長の池田大作にレイプされたと訴えた事件をめぐる報道で、学会に「遺憾の意」を表明したと『聖教新聞』に書かれたのである。

仲介者が「創価学会とは、きわめて親しい関係にある」宮本だった。

二〇〇四年三月二八日付の同紙によれば、社長は一連の報道について「私としてはあのいかがわしい夫婦の訴えを結果としてキャンペーン的に報道を続け、はからずも当時の宗門の反学会勢力の後押しとなってしまったことを遺憾に思う」と表明したという。

しかし『週刊新潮』は同年四月八日号で「事実は全く違う」と反論した。

そして、宮本と社長のやり取りを引く。

「中吊りや新聞広告でレイプ、レイプといつも出てくる。そういうことはどう思いますか。キャンペーン的に攻撃していると思うんじゃないでしょうか」

「記事は書くべきことがあるから記事にしたのです。その記事についての広告が出て、キャンペーンをやっていると取られることは、こちらの意図するところではありません」

「しかし、結果的にそうなっているとするなら、それは遺憾ということじゃないですか」

「遺憾ですか？　遺憾と言っては問題があるけど、それは遺憾かもしれませんね」

これを読む限り、『週刊新潮』の言いわけは苦しいが、問題は宮本である。宮本は作家ではなく、ブローカーだったのか。ここでは明らかに学会の代理人となっている。

『週刊新潮』と学会の争いを非生産的だと思っていた宮本は、社長からゴルフの誘いを受けたので、いい機会だからと、この問題を持ち出したという。

『自民党と創価学会』に改題してみたら

集英社新書で出した本の題名が『自民党と創価学会』に変わった（二〇一六年五月刊）。『自民党と公明党――水と油の野合』として書いてきたが、販売の方から『自民党と創価学会』の方がいいのではないかと提案があったという。

なるほど、その方がズバリで読者にも注目されるだろう。

この本を書く上で、かつて公明党の裏の国会対策委員長と言われたほど、学会や公明党に近かった平野貞夫に何度か取材した。平野はいま、小沢一郎のブレーンとなっている。平野の『公明党・創価学会の真実』と『公明党・創価学会の野望』（ともに講談社＋α文庫）は、この問題の古典的な基礎文献だ。

藤原弘達が一九六九年に出版した『創価学会を斬る』は創価学会による出版妨害を受け、学会は世間の批判を浴びたが、それより早く大宅壮一は創価学会の選挙活動に警告を発している。一九五九年五月三日付の『毎日新聞』でである。

「ファシズムの新しい形ですね。確実な組織を持ったものが、完全な統制のもとに票を割り当てたら、立候補者全員の当選も至難ではないでしょう。統制されたものにはかなわない。こうなると、民主政治を十分におびやかす結果になります。また、創価学会の力に抵抗するため、自民、社会、共産の各党がそれぞれ〝統制した一票〟を組織内の各個人に使わせるとすれば、もう、議会政治の死を意味するものです。それは、議会政治の根本に触れる重大な問題になります。創価学会が今度の選挙で示した命令‐服従の形を、これからも続けていくとしたら、将来かならず恐ろしい〝力〟に発展していくと思います」

岸信介の弟で安倍晋三の大叔父の佐藤栄作が、長期政権を続けたのにも、創価学会会長（当時）の池田大作の全面的な応援があった。「持ちつ持たれつ」の関係である。間に立ったのは、富士銀行頭取の岩佐凱実や、日本大学会頭の古田重二良だった。

国会で公明党の反対で法案が通りそうもなくなると、佐藤は池田に連絡し、池田から賛成するように公明党に働きかけてもらう。その様子が具体的に『佐藤日記』に出てくるのである。

池田が『聖教新聞』で語った佐藤の思い出もある。

時は一九六六年一月、場所は佐藤が週末を過ごす鎌倉の別邸。当時首相だった佐藤は六四歳、池田は三八歳だった。池田によれば、そのとき、佐藤はこんな話をしたという。

「『人間革命』読みましたよ。そのなかに厳しい言葉があった。首相よりも一庶民の方が偉いと書いてある。厳しいもんだね」

池田の『人間革命』をわざわざ読んで、ゴマをすっているわけである。

「創価学会は純粋ですね。気持ちが、きれいだ。純粋に国のためを思ってやっていることが、よくわかる」

佐藤はこうも持ち上げているが、そのほかにも驚くような話がいろいろ出てくるのだ。

覚悟して書いた『自民党と創価学会』

『週刊金曜日』（二〇一六年四月二二日号）の連載コラムに「知識の〝武器商人〟佐藤優との決別」を書いた。

佐藤が原子力発電の広告に出て、〝原発文化人〟の仲間入りをしたこと、竹中平蔵との共著で弱肉強食の新自由主義を弁護していること、そして、公明党および創価学会のお抱えになっていることの三つを批判したのだが、「よく書いてくれた」という反響が多い。ベストセラーを連発してメディアの寵児となっている佐藤を斬る人間は、私くらいしかいないらしい。

特に佐藤で目立つのは、創価学会への傾斜である。

しかし、先の衆議院北海道五区の補選でも、町村信孝の娘婿を応援し、原発ストップの野党候補を落選させた。事情通によれば、学会婦人部は最初、シングルマザーで苦労した野党の女性候補を支持していたという。それが弔い合戦で与党候補が有利なはずなのに、途中で野党候補が逆転したというニュースが流れる原因だった。

『週刊現代』（二〇一六年五月二一日号）が伝えるように、それを知った官房長官の菅義偉が、学会の嫌う衆参ダブル選挙はやらないということを条件に、野党に流れている票を引き戻すように頼んだ。その結果が逆転勝ちとなったのである。

これでわかるように、学会はいまや完全に自民党の下請け機関と化している。水と油だったはずだったのに、なぜそうなったのかを、私は『自民党と創価学会』（集英社新書）で書いている。暴力団のからむ「密会ビデオ」問題も介在した。

よく、創価学会婦人部は平和に敏感だというが、世襲の町村の女婿の応援に汗をかくのでは、およそ、民主主義とは言えないだろう。

ここに「最強集票集団の解剖」という副題がついた『創価学会婦人部』(五月書房)という本がある。このなかに、一九八八年秋に学会の若手有志が改革を求めて「池田(大作)問題対策事務所」をつくり、会長の秋谷栄之助に次のような要求書を送った、と書いてある。

「(……)池田大作元会長の長男・博正氏及び池田会長と血縁関係にある者が将来にわたって会長職を世襲することはありえないということを創価学会の最高機関において決議、公表すること。池田大作元会長の妻、香峯子夫人の創価学会における同夫人の立場はいかなるものかについて、公式に明らかにすること」

つまり、私物化は信仰組織の崩壊につながると警告し、香峯子についても、

「公式な会合(特に婦人部)に出席したり、特別な扱いをされたりしている光景が目につきます。一体、香峯子夫人は池田元会長の妻であること以外にどのような役職の、立場があるのでしょうか」

と問うている。

しかし、返答はなく、この「池田問題対策事務所」も自然消滅して、解散となったとか。

それから三十余年。学会には若手が要求書を送るような動きもなくなり、民主主義に反する自民党の世襲候補を応援するようになってしまった。

創価学会員からの手紙

猪瀬直樹が都知事になる直前に、私は『自分を売る男、猪瀬直樹』（七つ森書館）を緊急出版した。選挙妨害に問われかねないタイミングでの刊行だが、このとき、猪瀬を推したのは、自民党に公明党、そして連合東京である。これはそのまま、猪瀬の辞任後に知事となった舛添要一の支持勢力となる。

労働組合の堕落した幹部を「ダラ幹」と呼ぶが、その集まりである連合東京を含めて、自民党や公明党は舛添を知事にした責任がある。

拙著『自民党と創価学会』（集英社新書）に、抗議めいた感想が寄せられた。「自公政権に反対する創価学会代表」とある。この拙著を「全くピント外れでガッカリでした」とし、こう続ける。

「少なからぬ学会員は、私と同じく、次の選挙では自民党は勿論、公明党にも投票したくないと言っています。なぜなら池田名誉会長のご指導に反し、大聖人の教えに反し、学会創立精神に反するからです」

例によって、池田センセイは正しいのに公明党がダメなのだという論法だが、池田センセイは、猪瀬、そして舛添が都知事になったことに何の責任もないのか。池田センセイの言うことを公明党が守らないのだと言うなら、池田の指導力不足が指摘されなければならないだろう。そんなことは、この手紙の主はまったく考えないらしい。ガマンして読んでいると、こんなことも書いてある。

「貴殿は多くのページをさいて、浜四津（敏子）代表代行のことをヤユし、批判しておられるが、バカも休み休み言えと言いたい。彼女は生真面目に、名誉会長の理想を語り、実現しようと命がけで闘った、数少ない国会議員でした。しかし、学会首脳につぶされた。現に彼女は退任後、一度も党の会合に出席してません。党大会にも出ていません。それが何をイミするのか？　考えてみよ」

そう言われてもなあ。この人にこそ、池田がなぜ「学会首脳」をコントロールできないのか、考えてみてほしいよ。

それは、私が『自民党と創価学会』で指摘したように、池田自身がポーズとしては浜四津の味方をするふりしながら、結局は学会首脳と同じ方向をめざしているからだろう。盗聴法反対の集会に出てきた浜四津が、その後、出てこなくなったのは、自民党と公明党が連立政権を組んだからだった。

同じ年に、同じ大学の同じ学部学科を卒業した浜四津と私は、盗聴法反対集会の楽屋で話したが、彼女の反対の動きを封じた張本人は明らかに池田大作である。彼女の集会での反対演説を当時『ニュースステーション』で流すのに私は一役買ったが、それにディレクターが「あなたはもう忘れたかしら」という『神田川』の歌の一節をかぶせたのは秀逸だった。

拒否政党

二〇〇七年に『朝日新聞』が「支持したくない政党があれば選んでください」と質問して世論調

査をした。支持政党の反対の拒否政党である。

結果は、トップが共産党で四七%、次が公明党で四一%。同じ調査での政党支持率は、公明党が四%、共産党が三%だった。これで見ると、公明党は支持者の一〇倍に当たる四割の有権者は「拒否」していることになる。

二〇一六年の現在、野党統一で民進党と共産党が手を結ぶことで逃げる票も同じようにあるということである。

自民党が公明党=創価学会と対決していた一九九六年、同党は運動方針のなかに「いま、わが国の政治にとってもっとも憂うべきは、宗教団体・創価学会が新進党という政党の皮をかぶって国民を欺き、政治の権力を握ろうと画策していることである」と書いた。

それから二十余年経って、自民党は何と「公明党という政党の皮をかぶっ」た創価学会と合体して権力を握っているわけだが、共産党とほぼ同じ「拒否政党」の公明党と連立して、自民党は変質しないのか？　率直に言って、まったく変質してしまったと言わなければならない。

二〇〇二年『文芸春秋』二月号に自民党の平沢勝栄の「野中広務よ、いっそ公明党と新会派を作ったら？――選挙協力のためなら政策バーターも厭《いと》わない。大作印のシャブに墜ちた自民党に明日はない」という刺激的な論考が載った。

野中は当時、公明党に太いパイプを持つことによって自民党を牛耳っていたドンである。拙著『自民党と創価学会』（集英社新書）で指摘したように、野中は小泉純一郎に引退に追い込まれると、一転して公明党を批判するようになるのだから皮肉である。

警察官僚上がりの平沢は、創価学会票は「覚醒剤（シャブ）」と同じだと強調する。その当座は気分が高揚して効果があるように見えるが、やがて使用している人間の肉体と精神をボロボロにしてしまう。平沢によれば、二〇〇一年の選挙で、自民党の公認候補が公明党の選挙カーに乗り、「比例区は公明党をお願いします」と声を張り上げる光景も各所で見られた。

また、現職ながら自民党の公認を得られなかった東京4区の森田健作は無所属で立ったが、自民党の総裁は公明党の候補の応援に駆けつけたという。

離婚した妻が創価学会に入っていたために学会嫌いと言われていた小泉純一郎も、自民党総裁になるや、一転して、池田大作を礼讃したりした。

平沢は「なぜ自民党はここまで落ちぶれてしまったのか」と嘆きながら、東京では公明党との対立姿勢を明らかにした森田や石原伸晃、そして平沢が当選したのだと主張している。森田や石原はもちろん、平沢もいまは学会をあからさまに批判はしないが……。

創価学会と共産党のドンの対話

ここに一九七五年に出された『人生対談』（毎日新聞社）という本がある。

創価学会会長（当時）の池田大作と日本共産党幹部会委員長（当時）の宮本顕治の対談で、なかなか入手は難しい。伝手《つて》を頼って私は『毎日新聞』の資料室から借りだしてもらった。このとき、池田は四七歳，宮本は六七歳だった。

なごやかな雰囲気で始まったそれは、

「ところで宮本さん、私があなたと初めてお会いしたのは、実は二〇年ぐらい前なんですよ。一対一で。あなたはたぶん憶えておられないでしょうけれど」

という池田の一言で急展開する。

宮本は一九五五年の衆議院議員選挙に東京一区から出た。その選挙演説を池田が聴いていたという。

「その時、あなたは国電市ヶ谷駅近くの食堂の前で、街頭演説をされていた。私は、ちょうどそのそばを友達と通りかかったのです。二五、二六歳のころです。私は、道を求める青年として、社会主義の指導者の話にも関心を持っていたので、あなたの演説を聴こうと言ったんです。ところが、友達は興味がないと帰ってしまったんです。あの当時の共産党さんは、いまほど国会議員もいなかったころですから、聴衆は結局、最後まで私一人だったんです。（笑い）」

池田の告白に宮本は

「ほほう、そうですか。これは驚いた。えらい人に聴かれていたものですね。（笑い）」

とびっくりしている。

「ですから私は、宮本さんには二〇年来の関心を持っているわけですよ。私にとっては、いわば旧知の人で（笑い）」

池田と宮本が「旧知の仲」だったとは！

池田と宮本も、この気楽な対話に行きつくまでは、いろいろなことがあった。

いまは、特に学会傘下の公明党と共産党は仇敵のように憎み合っているから、学会員も共産党員も、双方のドンのこの対話を読めば、腰を抜かすほど驚くだろう。

その前段として藤原弘達の『創価学会を斬る』(日新報道)をめぐる出版妨害騒動があった。当時の自民党幹事長の田中角栄がそれに関わっていたことが国会でも問題となり、共産党が最も激しく攻撃した。

その後、創価学会による宮本顕治宅盗聴事件が起こる。

そうした共産党の矛先をやわらげるために、池田大作は宮本との間で創価学会と共産党の「創共協定」なるものを結ぶ。それを確認するための『人生対談』だったのである。仲介者は松本清張だった。

それを知れば、池田と宮本の「なごやかさ」の裏にあるものが見えてくるだろう。

戯れ歌「世襲の心」

一九九六年年頭から翌年一〇月まで八二回にわたって自民党の機関紙『自由新聞』に、「新進党＝創価学会ウオッチング」が掲載された。一九九四年に同紙に連載された創価学会(公明党)批判は二〇回だったから、ほぼその四倍である。八二回の方は内藤国夫と俵孝太郎とが交代で執筆。これだけ激しい創価学会批判をやって、それからわずか二年後の一九九九年に自民党は公明党と連立政権を組む。

私は「政治家にモラルを求めるのは、ゴキブリにモラルを求めるに等しい」とテレビで発言して物議をかもしたことがあるが、特に自民党と公明党にモラルを求めてもムダだろう。キツネとタヌキの化かし合いで、理念や政策など、まったく念頭にないからである。

一九九七年九月三〇日付の『自由新報』に「新進党＝創価学会ウオッチング」の第七九回が載っている。それによると、一〇日ほど前に内藤国夫宅に創価学会内部の情報提供者からの一枚のファックスが届いたという。「一読して噴き出す内容」と内藤は書いているが、「世襲の心」と題した歌めいたものを、まず引こう。

〽牧口、戸田は過去の人
北条、秋谷は使い捨て
我ら広布の弟子たちは
世襲街道まっしぐら
博正かついで突き進め

創価学会の初代会長は牧口常三郎で、二代目が戸田城聖。いずれも戦争に反対して投獄されている。

三代目の池田大作から見れば、彼らは「過去の人」であり、池田の後に一応、会長に据えた北条浩や秋谷栄之助は「使い捨て」だというわけである。池田の長男の博正をかついで世襲街道を突き進もうとしているが、世襲は次男が急死して一時挫折した。

しかし、再度「まっしぐら」ということだろう。

この歌は山本伸一による作詞・作曲。山本伸一は知る人ぞ知る『人間革命』の主人公の名前。池田が書いていることになっている小説『人間革命』で山本イコール池田であり、学会には「伸一会」なるものもある。

二番はこうだ。

〽池田幕府よ万代に
徳川幕府を越えてゆけ
我ら先生の弟子たちは
世襲街道まっしぐら
日蓮正宗わすれよう

創価学会は、日蓮正宗の大石寺の信徒団体として発足した。それなのに、池田は自分の言うことを聞かないと言って本山とケンカし、破門されている。それで「日蓮正宗わすれよう」というわけだが、ファックスにつけられた注によれば、

「池田大作はこの歌をえらく気にいった様子で大はしゃぎ。秋谷会長はあぜんとしていました」となる。

自民には折伏される公明党

公明党には冬柴鉄三という幹事長がいた。国土交通大臣もやっている。薬師寺克行の『公明党』（中公新書）によれば、

「冬柴は関西大学卒で、高校、大学と夜間部で、苦学して司法試験に合格し、弁護士となった。一九八六年に旧兵庫二区で当選。文書作成に長けた実務家タイプで、自民党に近いことでも知られた。永住外国人への地方参政権付与問題に積極的に取り組み、安倍内閣、福田康夫内閣では国交相を務めた。二〇〇九年総選挙で落選し、一一年に七五歳で死去した」

となる。

冬柴を落選させて当選したのは田中康夫だが、この冬柴が森友学園問題でクローズアップされる。公明党が安倍晋三夫人の昭恵や財務官僚を国会に呼ぶことに消極的なのは、ここに原因があるらしい。

この問題で「疑惑の三日間」と呼ばれる日がある。二〇一五年九月三日、四日、五日の三日間である。

まず、最初の三日は安倍が官邸で財務省官房長の岡本薫明および理財局長の迫田英典と会談している。理財局長は国有財産の担当局長であり、その後、国税庁長官となった。

翌四日は森友学園の小学校建設工事を請け負った業者と近畿財務局（当時の局長は富永哲夫で現在は国土交通省政策統括官）、それに国土交通省大阪航空局担当者が埋設物の処理費用などについて協議

している。そして、この日の夕刻、国会開会中にもかかわらず、安倍が大阪の読売テレビに行き、『情報ライブミヤネ屋』に出演した。

そして、その後、安倍は秘書官の今井尚哉とともに、冬柴鉄三の次男の冬柴大が経営する「かき鉄」で会食している。「かき鉄」の鉄はたぶん鉄三の鉄だろう。さらに、この日、「安倍晋三記念小学校」の建築に国交省の補助金六二〇〇万円の交付が決定している。

冬柴の影が色濃いことは、『週刊金曜日』の二〇一七年三月一七日号で野中大樹が次のように指摘している。

「冬柴大はりそな銀行高槻支店の次長を務めた経歴を持つ。寄付金頼みの部分が多い森友学園の小学校設置構想は誰が、どのようなサポートをしてきたのか。その疑問が、安倍首相の行動と絡まってさまざまな憶測を呼んでいるのだ」

これでは、公明党が安倍昭恵らの証人喚問に賛成できないわけである。

日本維新の会に所属していた代議士の上西小百合が『週刊金曜日』の二〇一七年三月三日号でこう言っている。

「私は当初、私学無償化は公明党のご機嫌をとるためにやっているのかと思っていました。大阪では維新と公明党はなんだかんだ言って、裏では協力しあっていますから。でもいまは森友学園のためでもあったのかなと考えています」

『朝日新聞』に掲載されたこんな川柳がある。

「自民には折伏《しゃくぶく》される公明党」

創価学会および公明党の犯罪

日曜日に公明党員、すなわち創価学会の青年が広告板をかけていた。上に「公明党がやりました！」とあって、下に「私立高校授業料の実質無償化がスタート」と書いてある。「小池知事との直接交渉により」そうなったのだという。都知事選を前の宣伝活動だろうが、隣の広告板では「都議の報酬二〇％削減しました！」と謳っている。

そして、さらにその隣に貼ってあるポスターでは、都知事選の候補者と小池知事の写真。写真は公明党代表の山口那津男より小池の方がずっと大きい。これでは公明党の党首は小池だと間違えそうである。

それにしても、「公明党がやりました！」と言うなら、犯罪的な共謀罪への賛成を挙げるべきだろう。

「宗教と社会のかかわりを考える月刊誌」の『ＦＯＲＵＭ21』を発行し続けるジャーナリストの乙骨正生は、二〇一七年六月号の編集後記で、池田大作のかつての次のような提言を引いて、現在の学会の惨状を批判している。

「私ども創価学会の人権闘争の原点は、国民から精神の自由を奪い、戦争に駆り立てようとした軍国ファシズムに断固として戦い抜いた牧口（常三郎）初代会長と戸田城聖第二代会長の精神闘争にあります。両会長の精神を受け継いだ私も、創価学会の社会的使命の一つはそこにあると考え、行動を貫いてきました」

もし、池田が二枚舌でないなら、公明党はそれこそ「断固として」共謀罪に反対しなければならなかった。しかし、自民党と組んで権力の毒が全身にまわった公明党は、むしろ進んで、この「現代の治安維持法」に賛成したのである。

「ちなみに共謀罪審議が行われている参議院法務委員会の委員長ポストは、昭和四〇年に和泉覚公明党副委員長（創価学会理事長など歴任）就任して以来現在の秋野公造委員長にいたるまで四四代五二年間にわたって公明党議員が独占しています」とも後記にはある。

この六月号では菅野完の連載「新・現代の眼」も興味深い。『日本会議の研究』（扶桑社）で知られる菅野は、取材現場でNHKの記者と会うことがあったが、彼らは立ち去るとき、たいてい、「今日、お会いしたこと、なにぶん、内密に願います」と付け加えたという。

断わるまでもないと、ムッとしていると、意外な答えが返ってきた。

「他人って、他社のことじゃないんですよ。社内のことです。他のNHKの人間から何か聞かれても、絶対言わないでくださいとのお願いです。他社の人に私の動きがバレるのはいいんですよ。怖いのは社内なんです。社内こそが一番怖い。今私がこのネタで動いているのわかったら、途端に潰されてしまうんです」

たとえば森友学園や加計学園の問題なのだろう。その疑惑を自民党と一緒に封じこめようとしているのも創価学会および公明党だ。

〝コウモリ党〟のゆくえ

二〇一七年八月四日に「野党統一候補の実現をめざす市民のつどい@おおさか」で講演し、例によって「自民党に天罰を、公明党に仏罰を」と訴えたら、その後の懇親会で、「維新には何罰か」と質問された。それほどに大阪では維新が問題らしい。

「何罰をかは大阪の人たちで考えてほしい」と答えたが、やはり、維新より問題なのは公明党だろう。

先日、あるテレビの若いディレクターから電話がかかってきて、私の『自民党と創価学会』（集英社新書）を読んで、はじめて自民党と創価学会（公明党）が対立していた時代があったことを知りました、と言われた。まだ二〇代だというが、確かにそういうことなのかもしれない。

『週刊ポスト』の二〇一七年七月一四日号に「都民ファースト対自民より白熱した公明対共産の〝醜い罵倒合戦〟」という記事が載っていた。

私はいま、『創価学会が破棄した創共協定』という本を書いている。松本清張の仲介で、創価学会のドンの池田大作と共産党のドンの宮本顕治が松本邸で会談し、創価学会と共産党が手を結ぶ「創共協定」がスタートした。

しかし、それは創価学会によって一方的に破られる。ほとんど忘れられているその経緯を掘り起こし、学会および公明党に改めて己の面の醜さを見せつけてやりたいというのが私の執筆動機である。

私が切り抜いている二〇一五年六月二日付の『日刊ゲンダイ』に「アッという間に橋下維新に寝返った大阪公明党」という囲み記事がある。

それは「橋下徹大阪市長が政界引退を表明してから二週間。いまだ引退撤回が噂される中、早速、公明党が維新にすり寄り始めた」と始まる。大阪維新の会と自民党が対立していた大阪府議会と市議会の議長選出をめぐって、事実上、公明が維新の〝支持〟にまわったのだという。

府議会も市議会も、当時、維新が第一党だったが、過半数を占めていなかった。だから、大阪都構想を否決した住民投票のように反維新で連合すれば自民党が議長ポストを得ることができたのである。

ところが公明は、「自民に投じれば、議会の対立構図を見せることになるし、これまでの議会運営の横暴を観れば、維新にも投じられない」として白票を投じ、結果的に維新がそのポストを得た。「事実上」というのはそういう意味である。

自民党の若手府議が怒って、こう言ったというのも、もっともだろう。

「たった数か月で維新に行ったり、自民に行ったり、どこが公明正大な党やねん。コウモリ党やないか。大阪の不幸は公明が自民よりも票田をもっていることとなんやろうな」

この構図を東京に当てはめれば、都民ファーストが維新である。公明党は小池百合子の都民ファーストが優勢と見るや、自民から離れて小池とくっついた。

コウモリ党の面目躍如と言うべきか。

東京一二区の自共対立

二〇一七年の選挙で私が共産党の候補を応援したことが話題になったらしい。東京一二区の池内沙織である。残念ながら落選してしまったが、相手は公明党の太田昭宏だった。自民党と公明党の連立の要の選挙区で、自民党は候補者を立てていない。私はここで太田を落とせば自公の連立に大きな亀裂が入ると考えて、野党陣営から求められるままに板橋駅前で演説した。

話題になったのは、私が近著だった『わが筆禍史』（河出書房新社）などで、かなり激しく共産党を批判していたためである。しかし、池内は野党統一の候補になっているのだから、応援するのにやぶさかではない。太田を落選させて自公の対立を深めることは大きな意義がある。

先日、鎌田慧の出版記念会があったが、鎌田と私は自民党と公明党が連立を組んだときから、公明党のバックの創価学会が出している『潮』などの雑誌や新聞には執筆を拒否している。ただ、明確にそれを実行しているのは、ほとんど鎌田と私だけである。

東京一二区の選挙はこれまでもいろいろなことがあった。たとえば、二〇〇五年のいわゆる郵政選挙。郵政民営化に反対する自民党の候補者に当時の同党総裁・小泉純一郎が「刺客」を立てて血みどろの戦いとなった。この時、同党の同区の自民党議員・八代英太は反対し、無所属での立候補に追いやられる。とはいえ、八代を支持する自民党の区会議員も少なからずいた。

自公が本格的にぶつかれば、民主党の藤田幸久が浮上するはずだった。公明党は太田で、自民党は太田を応援する。小泉はもちろん、竹中平蔵らが総動員で遊説した。

現在、安倍晋三の側近として自民党幹事長代行となっている萩生田光一など自らの選挙区の八王子で「東京一二区の知り合いの方をご紹介ください」というチラシをまいたほどだった。それを太田の応援に使ったのである。

創価学会員として知られるタレントの久本雅美や「気合だあーっ！」の元プロレスラー、アニマル浜口も応援に入った。それどころか、全国の学会員は東京一二区にやって来て太田への投票を呼びかけたのである。

結果は、太田の圧勝だった。

大下英治は『郵政大乱！小泉魔術』（徳間文庫）で見逃せない指摘をしている。

「選挙後、小池百合子が出馬した東京一〇区で小林興起（郵政民営化に反対して自民党を追われた）を支援した豊島区議、岐阜一区で当選した野田聖子（やはり反対して自民党追放）を支援した岐阜県議らには処分が出ている。にもかかわらず、八代を応援した北区区議らには何のお咎《とが》めもない。そこから考えると、八代が出たこと自体に不透明なものを感じてしまう。八代があえて出馬したのは、前回の選挙で太田に三五〇〇票差まで迫った藤田を潰すためだった可能性もささやかれている」

日本の政治を歪めているのは、自民党とともに公明党（創価学会）である。

森田実と公明党の背信

自民党と二人三脚を組んでの公明党の暴走が止まらない。自民党の都合による議員増の参議院

「改革」に賛成しただけでなく、カジノ法案にも賛成してしまった。支持母体の創価学会、とりわけ婦人部に反対論が多いので、解禁法には代表の山口那津男まで反対したのに、実施法案には賛成したのである。

山口は「政府、与党の責任」として賛成したという。

「ギャンブル依存症が生じないよう、厳しい条件をつくった」とも語っているが、それは尻抜けであることは明らかだ。

最初は反対して見せて、まもなく賛成にまわるのは、公明党の得意のスタイル。創価学会婦人部の反対も、ポーズだけということだろう。ある意味で自民党より責任が大きい。

そんな公明党（創価学会）を無条件で礼賛するのが、政治評論家を名乗っている森田実である。森田は、たとえば『日刊ゲンダイ』などでは、激しく安倍政権を批判しているから、それを支えている公明党にも厳しいのかと思ったらベタ甘なのである。

『森田実の永田町政治に喝！』（財界さっぽろ）を開くと、ドストエフスキーの「あらゆる堕落のなかでもっとも軽蔑すべきものは――他人の首にぶら下がることである」が引いてある。これはまさに公明党および創価学会のことだと思うが、森田はそうは考えないらしい。

山口那津男について、「山口代表は非常に柔軟な姿勢を取りながら、もの申すべきことはしっかりともの申しています」と持ち上げている。

私より、ほぼひとまわり上で、東大時代は全学連のリーダーだった森田とは何度か会っているが、「アレッ」と思ったのは、先ごろの新潟県知事選挙で自公推薦候補の応援をしているのを知ったときだった。

安倍政権打倒を言うなら、いくら、候補者の花角英生が旧知の間柄とはいえ、応援してはいけないだろう。私はそのとき、野党候補の池田千賀子を応援して惜敗しただけに不信感を持った。

森田は、安倍政権打倒と安倍が推す知事候補の応援を両立させることのできる鵺《ヌエ》のような人間なのである。

前掲書で森田は、

「私は、ある時期まで公明党は解釈改憲という安倍首相の詐術は受け入れずに拒否すると期待していました。この二年半ほどの間、公明党議員と創価学会幹部と接触する機会があり、彼らが誠実で謙虚な人々であることを知りました。ですから、私は公明党に期待していたのですが、公明党も解釈改憲論という詐術に堕ちました」と書いている。

しかし、その後も応援しているのだから、「詐術」であることを知って支持するということだろう。これは二重、三重に犯罪的ではないか。森田は、

「公明党は安倍自公連立政権の中で健全なブレーキ役を果たしています」と念仏のように唱えている。

こんな森田と同じく、創価学会の大代弁者となっているのが佐藤優である。

「靖国献灯」騒動

二〇一八年九月一〇日付の『日刊ゲンダイ』で、「気持ちが下降気味になると、魯迅を読む」と

して、『阿Q正伝』（角川文庫）を挙げ、魯迅が儒教道徳の中庸を排撃したことを引いて、公明党の、自民党に賛成するコウモリ党ぶりを批判した。カジノ法にも最初は反対していたのだから、いまは憲法改変に反対していても、まったく信用できない。

だいぶ前にその変節を指弾したら、当時の幹事長の市川雄一が、

「変わったのではなく、成長したとご理解いただきたい」と開き直った。それで私は

「コウモリも成長はするだろう。しかし、成長してもコウモリはコウモリだ」と追撃したのである。

公明党（創価学会）ウォッチャーの乙骨正生が発行している『FORUM21』という雑誌がある。その二〇一八年九月号が「創価学会〝靖国献灯〟騒動」を特集している。

七月一三日から一九日まで開催された靖国神社の「みたままつり」に、創価学会が提灯を奉納したと『仏教タイムス』（二〇一八年八月二日号）が報じたという。それによれば「弊社記者が撮影した提灯群に創価学会名の提灯が映っていたことが確認できた」として、その写真を掲載し、原田稔会長下の創価学会が自民党べったりになっていることに触れ、「提灯奉納もその流れなのか」と結んでいる。

ジャーナリストの伊藤博敏が指摘するように、「平和主義」を掲げる創価学会が、軍国主義のシンボルである靖国神社に奉納するのはおかしい。

その記事が出るや、創価学会は「奉納は虚偽である」として、警視庁に刑事告訴したことを明らかにした。

八月二四日付の『聖教新聞』によれば、こうである。

「学会を勝手に騙り、『創価学会』の名称入りの大型提灯を陳列させた氏名不祥者を、二三日、偽

計業務妨害罪及び名誉棄損罪で警察庁（麹町警察署）に告訴の申し立てを行った」

しかし、「氏名不詳者」は告訴したが、それを報じた『仏教タイムス』、および、その献灯を受けた靖国神社は放ったらかしなのか。これではアリバイ工作のための告訴ではないかと言われても仕方がないだろう。

靖国神社への献灯が不思議と思われないほど、創価学会は平和主義からは遠く、軍国主義の安倍の自民党と近いということである。

沖縄県知事選挙で、「日本会議」のイデオロギーを体現している自民党候補を総力をあげて応援したのだから、公明党は自民党と合併した方がいいのではないか、と皮肉りたくさえなる。

『ＦＯＲＵＭ21』の特集で、ジャーナリストの段勲は、これまで「閣僚の靖国参拝に公明党は強い反対の意思を表明することはない。ただ、中国や韓国の抗議を受けて『国際問題に配慮しなくてはならない』という程度だ」と批判している。

御都合主義のコウモリたちが、安倍腐敗政治の手助けをしているのだ。

辺野古への土砂投入と創価学会

沖縄県民を生き埋めにするように、辺野古への土砂投入が始まった。それに反対する玉城デニーを知事に選んだばかりなのに、その民意を逆撫でする行為である。私は土砂のトラック何台分かを、公明党を支持する創価学会が運んで投入したと考える。

「ブレーキの壊れた大型トラックの暴走ほど恐いものはない。いま、『安倍自公政権』と大書された大型トラックが大暴走している。安倍晋三の運転するそれの助手席にすわっているのは、公明党代表の山口那津男である」

私はこう書いたことがあるが、公明党および創価学会の罪を見逃してはならない。先の県知事選挙で沖縄の創価学会会員の何人かが玉城デニーを応援したとして話題になった。しかし、とんでもない暴挙の土砂投入にも反対するのでなければ、アリバイづくりにしかならないだろう。安保法制ならぬ戦争法案のときにも何人かの学会員が反対したが、その後、ほとんどが除名されている。だいたい、担当の国土交通大臣、石井啓一は公明党なのである。これだけでも、公明党（創価学会）は自民党と共犯だということがわかるだろう。いま、公明党は岸信介を源流とする自民党のタカ派と組んでいる。宏池会や旧田中（角栄）派のハト派は窒息させられている状況だが、たとえば田中派の橋本龍太郎や小渕恵三、そして野中広務らの沖縄に対する態度は違った。

前知事の翁長雄志がその著『戦う民意』（角川書店）で、首相だった橋本について、こう語っている。

「私たちが基地問題を話すため、自民党の総裁室に伺ったときのことが思い出されます。二〇～三〇組が並び、五分ずつぐらいでどんどん案件が片付けられていきます。私たちがあと五番目まで来たときに

『沖縄さん、後ろに並んでください』と一番後ろに回されて、『あれ、変だな』と思っていました。

すると全部が終わった後に橋本総理が来て、

『沖縄を五分で済ますわけにはいかないからね。最後に回ってもらったよ。最終便、大丈夫かな』

と声を掛けられて、それから、一時間ほど話しこみました」

翁長が知事になったとき、首相の安倍や官房長官の菅義偉がしばらく会うことを避けたのと、あまりに対照的だろう。

橋本は革新の沖縄県知事、大田昌秀と何度も語り会った。そして、必要とあらば手を携えてアメリカに交渉しようという姿勢があった。しかし、安倍政権は尻尾を振ってアメリカの言う通りにしようとするばかりである。

タレントのローラが、

「美しい沖縄の埋め立てをみんなの声が集まれば止めることができるかもしれないの」とインスタに投稿して一〇万人が応じたと話題になっている。

久本雅美や氷川きよしらの学会タレントには望むべくもないが、宮本輝らの学会作家はこの問題をどう考えているのか、聞きたいものである。

第4章
鵜の目・鷹の目・佐高の目

田原総一朗に渡そうとしたお礼の金額

鳥越俊太郎や岸井成格ら、テレビの報道番組に出演しているジャーナリストが、総務相の高市早苗の電波停止発言に怒りの声をあげた記者会見（二〇一六年二月二九日）に、田原総一朗が並んでいるのを見て、「ダイヤモンド・オンライン」の「佐高信の一人一話」で、田原を取り上げようと思った。

途中にケンカ別れを含んで、田原とは四十余年のつきあいだが、こうしたところには絶対に顔を出さない池上彰や後藤謙次、さらには星浩と違って、さすがに田原にはまだ骨がある。もちろん、ほぼ同い年の筑紫哲也が生きていたら、必ず同席しただろう。

こうした根本的なことに反対できない、骨なしの池上や後藤らだけをテレビは重用し、視聴者は「偏らない」解説にのみ耳を傾けるわけである。

それはさておき、田原と私の『激突！朝まで生対談』（二〇一二年、毎日新聞社）を読み返して、改めて気がついたことがあった。

それは、田原が、野中広務からのカネを返したということである。

あるとき、京都出身の野中が、うまいお茶を持って行くから受け取ってくれ、と言ってきた。ただし、そのために全日空ホテルの部屋を取ってくれという。ピーンと来た田原は、それを断わって、同ホテルの「カスケイドカフェ」を待ち合わせ場所に指定した。

するとたぶん料亭の女将と思われる女性が着物姿でやって来て、袋を渡す。

重いので、「これ、お茶ではないですね」と言ったら、彼女は、

「西陣の反物です」と答える。

「もし、カネなら返さなければいけないから、持って帰ってよ」と受け取りを断わると、

「いや、反物です」と言って譲らない。

押し問答のすえに仕方なく受け取って、トイレに入って明けたら、やはり、カネだった。

「いくらだと思いますか？」と田原に聞かれたので、
二〇〇万円くらいかなと答えたら、一〇〇〇万円だという。

その現ナマを、田原が当時一番親しかった加藤紘一に「野中さんに返してくれ」と頼んだら、こう言って断わられた。

「そんなことしたら、俺の政治生命はなくなるからできない」

それで首相だった森喜朗に頼んだが、それも断わられ、仕方なく、自分で野中の京都の事務所へ行き、おカネというのは必要なところには大事だろうけれども、僕はいらない、という内容のていねいな手紙を添えて、現ナマを置いてきた。

その日の夜、野中から電話があって、では一度飯を食おうということになり、飯を食って終わりになった。野中によれば、首相だった小渕恵三が倒れる一週間前に、田原が小渕にとてもいいインタビューをしたので、竹下登が、ぜひ田原に小渕のお礼をしたいと言っていたが、しかし竹下もすぐに亡くなったため、野中がお礼をしようとしたのだとか。

（2016年3月11日）

「犬の特攻隊」はあったのか？

城山三郎の「情報学」に、「情報は腐らせよ」という原則がある。城山の『わたしの情報日記』（集英社文庫、絶版）によれば、その意味はこうである。

二週間近い旅を終わって帰宅。留守中の郵便物と新聞が、いくつもの小山になっている。かつては脅迫感をおぼえて、片っ端から目を通したものだが、このごろは、手紙類こそ読むが、あとは小山のままにしておく。あわてて読んで、ふり回されることはない。放っておいて、くさるものはくさらせる。情報氾濫の社会であれば、「省く」ことを心がけないと、身を滅ぼす。

「心をこめて書かれた記事は、時間がたてばたつほど、くさり行く記事群の中で荒野の星のように光を増していく」からだという。

私も新聞や雑誌の気になる記事を切り抜いておいて、しばらく経って取捨選択する。

たとえば、その一つに鈴木邦男の『創』の連載エッセイ「言論の覚悟」のある回がある。二〇〇八年三月号の「犬の特別攻撃隊」だ。

鈴木は、靖国神社には「戦没馬慰霊像」「軍犬慰霊像」「鳩魂塔」という三つの像が建っていると書く。馬は重い荷物を運んだり、将軍が凱施したりするときに乗った。伝書鳩は通信用に使われたが、敵に撃ち落とされ、「戦死」した鳩も多いとか。ドイツでは、イギリス軍の伝書鳩を襲うためにタカを訓練し、殺させたという。

では、犬は？　戦場での連絡、敵兵の探索・追跡などに軍用として使われた。犬については悲しい話もある。戦争中、犬は小さな愛玩用の犬も供出させられたのである。別に軍用犬にするためではなく、空襲などの際に逃げ出して人間を襲ったらたいへんだとして供出させ、たぶん殺した。それも毒殺や銃殺ではなく撲殺だった。薬や弾丸がもったいないからである。

それから、鈴木のエッセイは「犬の特攻隊」の話になり、ソ連では犬に地雷を抱かせる地雷犬があったが、「特攻犬」はアイデア倒れに終わったのではないかというジャーナリストの林信吾の指摘を紹介する。軍事問題に詳しい林は、さらにこう語ったという。

「ひどい言い方になりますが、（犬より）人間の方がずっと訓練が簡単であり、また、実際に学徒兵などはこうした訓練を受けてました」

「犬を供出させたのは、ご指摘の（NHKの）番組にある通り毛皮として用いるためで『特攻犬』なるものは、『一億玉砕』と同列のスローガンに過ぎなかったのでしょう」

そして鈴木はこう結ぶ。

「犬の特攻隊は偽装スローガンだったのか。人間じゃ可愛そうだからとソ連は犬に特攻させた。犬じゃ可愛そうだからと日本軍は人間に特攻させた。いや、人間への愛や動物愛護の精神なんかはない。あったら戦争なんかしない。戦争は全てを狂気にする」

（2016年4月8日）

平成の言論弾圧

二〇一六年の青森での「佐高信 政治塾」の講座は、平野貞夫と私の対談から始まった。

高知出身の平野は衆議院事務局に入り、議長の前尾繁三郎や副議長の園田直の秘書をした。そして、いまは小沢一郎のブレーンとして知られる。

前尾繁三郎は、池田勇人がつくった自民党の派閥「宏池会」の第二代の会長だったが、学者のように本を読んだ、後に首相となった大平正芳や宮澤喜一の兄貴分である。平野の話す前尾に惹かれて、城山三郎の『賢人たちの世』（文春文庫）を再び開いた。椎名悦三郎、灘尾弘吉、そして前尾の三賢人を描いたこの本に、こんな箇所がある。

「昭和四一年一二月の自民党総裁公選。佐藤（栄作）が圧勝した選挙だが、このとき意外だったのは、立候補もしていない灘尾に一一票入ったことである。金権政治への批判票でもあった」

前尾も椎名も灘尾も、生臭さとはほど遠い、とぼけた賢人だったが、これを知って灘尾は、「わしが自分の名前を書いとけば、一二票になったのにな」と苦笑したとか。

結局、誰が票を入れたのか、わからずじまいだったのである。

城山はまた「苦い思い出」を書いている。作家になってしばらくして日本共産党機関紙『赤旗』にいた知人に頼まれ、同紙に「正月のめでたさ」という小文を寄せた。

これを自民党広報委員会が問題にする。岸信介の弟の佐藤栄作が長期政権をスタートさせる昭和三九年秋のことだった。

同委員会とマスコミ関係者の会合が開かれ、その席で公安調査庁がつくった「『赤旗』寄稿の学者・文化人・芸能人名録」が「公正な報道をおねがいしたい」という趣旨で、出席者に渡されたのである。城山が糾弾するごとく「このブラック・リストに名を連ねた人間を今後は使うな、という要望」だった。

リストには、いわゆる進歩的文化人だけでなく、星新一、手塚治虫、岡部冬彦、林家正蔵といった人たちも挙げられていた。『赤旗』に原稿を書いたり、コメントを寄せたりしたという理由である。

城山によれば、こうした「要注意人物」をマスコミから締め出すとともに、『赤旗』や日本社会党の機関紙『社会新報』などへの寄稿に圧力をかけようという二重の狙いからだった。

「いずれにせよ、わたしなど物書きは糧道を断たれることになりかねず、かなり露骨な言論弾圧といえた」と城山は怒っている。

弾圧の責任者は、広報委員長の塚原俊郎や前任者の橋本登美三郎で、いずれも佐藤（栄作）派だった。

現首相の安倍晋三にとって佐藤は大叔父だが、安倍も同じように言論弾圧をやっている。たとえば「NEWS23」のキャスターだった岸井成格は、その発言が何度も好意的に『赤旗』に取り上げられたことを問題にされた。

（2016年5月13日）

文化人の買収価格

朝日新聞経済部の小森敦司記者から『日本はなぜ脱原発できないのか』（平凡社新書）という本が届いた。副題が「『原子力村』という利権」である。第六章が「買われたメディア」で、そのなかの「広告塔の対価」が興味深かった。

スポーツライターの玉木正之に、ある広告会社から地方ブロック紙への出演依頼が舞い込む。二〇一〇年六月のことで、企画書にはこう書かれていた。

「原子力発電についての正しい知識を伝え、かつオピニオンリーダーたる貴殿の口から語られる『真実の言葉』の影響力が不可欠と考えております。『実はよくわからない』『これを機に学びたい』などでも構いません。嘘のない正直な言葉をお聞かせいただければと思います」

原発に単純に反対しないが、疑問を持っていた玉木は、話を聞いてみようと、電話をかける。

「使用済み核燃料がたまっている。考えないといけないのでは」

と玉木が尋ねると、広告会社の社員は、

「もうちょっと、原発に肯定的なことも言っていただきたい」

と注文をつけた。

話は出演料に移って、五〇〇万円と打診される。玉木は仰天した。

「想定の一〇倍。出すと自分を否定しないといけない」

そう思って、玉木はこの企画を断わる。

東日本大震災による東京電力福島第一原発事故が起きたのは翌年の三月である。

事故をテレビで見た瞬間、玉木は「広告に出なくてよかった」と思った。

「高い出演料も、電気料金に跳ね返っていた」と感じたからである。

この玉木の話の後に、私のやった告発記事のことが出てくる。

評論家の佐高信は雑誌『週刊金曜日』一一年四月一五日号で「電力会社に群がった原発文化人25人への論告求刑」と題し、原発のいわば「広告塔」となった著名人の実名を列挙。「（電力業界は）巨額のカネを使って世論を買い占めてきた」と指摘し、高額ギャラによる著名人の利用を「札束で頬をたたくやり方」と書いた。

先ごろ、『東奥日報』の「原発PR広告」に出た佐藤優はいくら受け取ったのか？　私は知事を辞めた舛添要一のみみっちさより、こちらのせこさにヨリ関心がある。

〝原発文化人〟ならぬ〝東電おばさん〟の幸田真音も東京電力の広告に登場していたから、それを批判したら、

「それほどはもらっていない」

と言いつつ、けっしてその金額を明かそうとはしなかった。ビートたけしや大前研一、そして弘兼憲史らも同じである。

（2016年6月24日）

永六輔の『悪党諸君』

永六輔さんが亡くなった。ひとまわり上のトリ年である。

永さんに『悪党諸君』（青林工芸舎）という本がある。「刑務所慰問講演集」である。永さんが刑務所に通うようになったのは、鹿児島に住む吉田勇吉という人と会ったことがキッカケだった。「商工会議所のメンバーできちんとした会社の社長さんで、ホントにすてきなおじいさん」である。「皆

が嫌がることを率先してやっている」その社長の家に遊びに行って風呂をすすめられ、先に入っていたら、後から入ってきた吉田さんの背中にすごい彫り物があった。

恥ずかしがる吉田さんに、

「社長さんも、そんな彫り物した時期があるんですか」と永さんが尋ねる。

「若いときよ、恥ずかしいんだよ」

「それじゃ若いとき相当暴れたの」

「うん、もう暴れた、刑務所に出たり入ったりすること二六回」

「二六回も？」

こんなヤリトリになったが、一九九九年六月の『悪党諸君』刊行時の面談によれば、吉田さんは三〇歳までの履歴は、

「妻を売ったのが一回、捨てたのが六回、妾宅を構えること二四回、警察のご厄介が一二四回」だという、そして「女道楽だけは現役の七〇歳」だとか。たいへんな苦労をかけた夫人と前年に金婚式を挙げたが、夫人はまもなく亡くなった。

そんな吉田さんと永さんの対話が爆笑ものである。

「あたしの極道が直るならって、身売りまでしてくれて」

「身売りしてくれたんじゃなくて、吉田サンが女郎屋に売っちゃったんでしょう。奥サンの妹サンもつけて、ふたりとも（笑）」

「あんたにはホントのことしゃべりすぎてしまった（笑）」

そんな吉田さんは刑務所を自分の母校だという。

「ここは、オレの学校なんだよ。オレ、ここで勉強してきたから。でもね、こんなところ一回入ればいいんだ。オレみたいに何回も出たり入ったりするのはロクなヤツじゃない。だから、いっぺん入ってまた来るヤツがいるから、来ないようになればいいなあと思って……」

そんな思いから慰問を始めた吉田さんも亡くなって、永さんは遺言で刑務所慰問を始めるようになった。

鹿児島は特攻基地が多かったが、その基地で吉田さんは料理屋をやっていた。それで特攻に行く学生と知り合いになる。

「明日は死ぬっていう学生が勉強している。これは頭がさがりました。生命も賭ける、勉強もする、あのときだけですよ。字が読めないのが恥ずかしかったのは。あたしは、あの人たちに何にもしてあげられなかったから、せめて女抱かせてやろうと世話した」

（2016年7月22日）

野村秋介の獄中句

いま、右翼から最も攻撃されている右翼の鈴木邦男と『俳句界』の二〇一六年九月号で対談して、鈴木の兄事していた野村秋介が俳句を遺していることを知った。野村は俳句を「五・一五事件」に参加した三上卓に習ったらしい。

昭和一〇年生まれの野村は、同い年の筑紫哲也と交流があり、筑紫は野村の娘の結婚式に出席している。

野村は、共産主義に甘いとして自民党の河野一郎（洋平の父）邸を焼き討ちして一二年の刑を食ら

い、出てきて二年目に経団連襲撃事件を起こして六年入獄した。野村は府中刑務所を出るときに迎えに行った鈴木に、

「俺はこれから一〇年は必死で運動をやる。いままでは生きざまを見せてきたが、これからは死にざまを見せる」

と話した。

鈴木は不吉な決意だなと思ったが、ちょうど一〇年後に野村は『朝日新聞』に抗議して自決した。このときの直接のキッカケは『週刊朝日』巻末の「ブラック・アングル」で、山藤章二が、野村らが選挙のためにつくった「風の会」を「虱の会」と皮肉ったことだった。

野村はつねづね、俺のことを右翼と呼ぶな、右の翼しかないなんていうのは差別用語だと怒っていたという。では何と呼べばいいのか、という問いには、日本浪漫派と呼べと答えていたらしいが、それは定着しなかった。

野村の句はすべて獄中でつくられ、『銀河蒼茫』（二十一世紀書院）に収められているが、秀句が多い。鈴木の引いたそれを何首か挙げよう。

俺に是非を説くな激しき雪が好き
枕には冬の夜空をつめて寝る
陽炎の巨大なる罠逃げられぬ
天使不在の寒い夕焼け獄が燃ゆ
世の虚妄青葉光るを信ずるのみ

看守にもいい人がゐて、木の実をくれた

野村が自決する一週間ぐらい前に、鈴木に電話があって、「鈴木くん、『新潮』読んだか」と聞かれた。

同誌の臨時増刊『短歌俳句川柳101年』に、野村の句が取り上げられたのだという。野村はとても喜んでいたが、それで自決を延ばすことも思いとどまることもなかった。

「野村秋介の獄中俳句が鮮烈なのは、その右翼思想の説得力ゆえではなく、彼の思想への思い入れの深さゆえである」

この評もいい。

鈴木は、筑紫哲也編集長の『朝日ジャーナル』の連載「若者たちの神々」に出たときは、まだ危ないこともやっていた。筑紫は相当な覚悟で取り上げたはずで、もしその後、鈴木が何かで捕まったりしたら辞める気でいたと思う、と鈴木は語る。

「その覚悟はひしひしと感じました」と鈴木は付け加えた。

残念ながら、私は野村に会ったことはない。

（2016年9月2日）

永六輔と大橋巨泉

林英哲の太鼓で田中泯が踊る。すさまじい迫力だった。二〇一六年八月三〇日、赤坂ブリッツで開かれた「永六輔お別れの会」のイベントの一幕である。私は小室等のコーナーにゲストで出て、そのまま、楽屋で松元ヒロと話したりしていた。そこに予定されていない客として田中が現われたのである。

私は、藤沢周平原作の映画『たそがれ清兵衛』に不気味な剣客として出たことや、山形の農民詩人、木村廸夫の人生を描いた『無音の叫び声』のナレーターとしての田中ぐらいしか知らなかった。しかし、あとで聞くと、世界的な踊り手らしい。

木村のドキュメンタリー映画の話から入って、妙にウマが合い、終わって、松元ヒロと三人で飲んだ。そして、同じ一九四五年生まれであることを知った。ふだんは山梨県は甲斐市の山奥で農業をしているという。

九月八日、今度は東中野ポレポレで、永を偲ぶイベントがあった。小室等の小室寄席最終回の形でである。

そこにも私はゲストで出て、小室とトークし、まず、九日前に田中泯と意気投合した話をした。これも永のおかげだと思ったからである。松元ヒロと三人で飲んだと言ったら、

「ずいぶん濃いメンツだね」

と言われた。

そして、その日に思いついた話題に移った。

ツレアイに聞かれたことでもあるのだが、大橋巨泉の追悼には最初から行く気がなかったという話題である。『こんなモノいらない!?』という番組にも呼ばれたし、護憲問題で三木睦子や落合恵子と一緒に記者会見したこともある。

それでも行く気になれなかったのはなぜかと考えて、巨泉はビートたけしらとのつきあいが深い

からだと思った。永のお別れ会にはたけしは来ない。そんなことを話していたら、小室が、

「しめた！」

というような顔をする。どうしてかと思ったら、巨泉の娘が会場にいたのだった。

私はあわてて、しかし、辛口評論家の私も巨泉の悪口は書いていない、と釈明したりしたが、会場は大ウケである。小室も人が悪い。

壇から降りて来るときに、私は彼女のところに行って頭を下げた。彼女は笑っていたが、永と巨泉の違いはやはり大きい。小室を含めて、田中泯、林英哲、松元ヒロらを世に出すよう尽力したのは永であって、巨泉ではない。

もちろん、巨泉も他の人よりは何倍もマシだが、永の目配りの広さと深さには及ばないのである。

（2016年9月16日）

東京ガスと東京都の関係

それは書かれていたのである。

しかし、マスコミが取り上げないために、大きな問題とならなかった。私もしばしば、「だから言ったじゃないか」と叫びたくなる時があるが、『黒い都知事 石原慎太郎』（宝島社）の著者、一ノ宮美成＋グループ・K21も同じ気持ちだろう。

この本が出たのが二〇一一年一月二九日。八年余り前に発行されたこの本を本棚から取り出して目次を開く。

第一章が「羽田空港国際線オープンの黒い霧」で、第二章が「錬金術にまみれた『築地市場移転計画』の陰謀」以下、第三章「〝石原一家〟と闇の勢力に喰われた『新銀行東京』」、第四章「幻の『東京五輪』で儲けまくった面々」と続く。

驚くのは、すでに二〇〇七年一〇月一二日の時点で、築地市場移転予定先の東京ガス豊洲工場跡地は日本で最大最悪の土壌汚染地であることがわかっていることで、当時知事だった石原は記者会見で、

「びっくりした」

などと言っている。

専門家会議の土壌汚染調査で、約半分の二五地点で発がん性物質のベンゼン、シアン化合物（青酸カリの元になる物質）、猛毒のヒ素および鉛が環境基準を超え、ベンゼンは最高一〇〇〇倍、シアン化合物は基準値の八〇倍に達していた。

二九地点で実施された深部の調査では、三分の一の一〇地点でベンゼン、シアン化合物、ヒ素および鉛が環境基準を超え、ベンゼンは最高一六〇〇倍にも上っていたのである。つまりは築地市場を移転するには一番ふさわしくない、というより候補から真っ先に除外すべき土地だったのだ。

ところが、強引にここに決められてしまう。

それについて、ＮＰＯ法人「市場を考える会」理事長の山崎治雄が、こう語っている。

「ひと言でいえば利権ですよ。こんな素晴らしいところ（築地市場）はない。銀座の隣りに七万坪という土地はないからね。日本一の土地ですよ。それに目をつけたのが、大手の不動産やデベロッパーの連中です。新日鉄会長の三村明夫さんが会長をしているＪＡＰＩＣ（日本プロジェクト産業協議

会）がずっと動いてきた話ですよ。ＪＡＰＩＣには、日本の大手のほとんどのゼネコンや不動産会社が加盟している。築地を開発すると鉄も動くし、すべてのモノが動く。それに対して石原知事とその取り巻き連中が利権に走る。みんな利権の構図です。我々素人でも、裏のことはわかります。とにかく魚屋を追い出してしまえ、豊洲に移転させようと」

なるほど、ねらいは築地の跡地だったのか。

そして、東京ガスと東京都が「密約」を結ぶまでには石原の側近の元副知事、浜渦武生が暗躍する。

その関係を暗示するように『週刊朝日』の二〇一六年一〇月一四日号は、「豊洲戦犯」の一人の元知事本局長、前川耀男が二〇〇五年九月に執行役員として東京ガスに天下りしたと報じている。

（２０１６年10月7日）

〝ヒリヒリ感〟

雑誌『俳句界』で続けている「佐高信の甘口でコンニチハ！」という連載対談の二〇一六年一一月号で、川本三郎と語りあった。

川本とは確か同学年だが、『朝日新聞』を不幸な経緯で辞めざるをえなくなった川本のある骨っぽさを知らされた対談だった。妻に先立たれた川本は、永井荷風の「もてあます西瓜ひとつやひとり者」という句が好きだという。そんなことを話し合っていて、突然、川本が、

「佐高さんは大学の先生はしてませんよね。筆一本ですよね」

と尋ねる。頷くと、彼は、

「やっぱりそういう人は信じられますよね。どうも大学の先生とか、スタッフを抱えて仕事するようになった物書きとか、そういうのが嫌なんですよね。やっぱり筆一本で生きてる人間がいいんですよね。周りを見ていると大学の先生だらけですよ。初めから研究者になろうと思って、勉強して先生になるというならいいんですけれども、新聞社やめたからどこかの大学の先生になりましたとか、テレビ局やめたから大学の先生になりました、という挨拶状がくると、もううんざりしますよね」

と続けた。それで私が、

「大学の先生の話があっても断わる。それを許容する奥さんじゃないと駄目ですよね（笑）」

と受けると、川本は、

「うちのかみさんも働いていましたし、子どもがいなかったのと貧乏に慣れていたというのはあると思いますけれども。でも、全共闘運動にシンパシーを感じた人が大学の先生になるのも疑問ですよ。反体制的なことを言ってた人間が、気がついたらどこかの大学の先生やっている。そういう人の書くものは信じられない」

と断定した。

『俳句界』に斎藤美奈子を招いたときも、同じような話になった。斎藤について川本は、

「偉いですね。しかも言いたい放題言ってますよね」

と高く評価する。

「筆一本だと、ヒリヒリした感覚があるというか、一回こっきりの勝負ですよね。大学の先生って、

それがやっぱりなくなりますね」

と私も応じたのだが、臨時的に大学で話をするのはともかく、そこで恒常的に一定の収入を得るようになると。ヒリヒリ感がなくなる。

フリーになって私が最初に与えられた舞台は『夕刊フジ』だった。一回三枚の原稿用紙の中に何か引きつけるものを入れて下さい、今日おもしろくなければ明日は買わなくなる夕刊紙ですから、と担当のデスクに言われたのが忘れられない。

毎日家に届けられる宅配の新聞と違って『日刊ゲンダイ』も『フジ』も一日一日が勝負なのである。そこで培われたヒリヒリ感が、曲がりなりにも私が〝現役〟でいられる理由なのかもしれないと思っている。

（2016年10月28日）

与党のルーズと野党のケッペキ

今年も来年用の手帖が届いた。私が愛用しているのは潮出版社刊行の『文化手帖』である。言うまでもなく潮出版社は創価学会系の出版社だが、今度こそダメかなと思っていた。この巻末に「人名簿」が載っているが、私も出ている。

私は公明党が自民党と連立政権を組んで以来『潮』をはじめとした学会系の雑誌などへの執筆を拒否しており、今年は『自民党と創価学会』（集英社新書）を出したので、いよいよ、はずされるかなと思っていた。しかし、私と同じように拒否している鎌田慧の名も載っている。考えてみれば、テリー伊藤と私の共編著の『お笑い創価学会 信じる者は救われない』（光文社知恵の森文庫）がベストセラーとなったときも除かれなかったのだから、今回もはずされるはずはなかった。

これが、たとえば共産党を批判したら、共産党系の文化人名簿には載せないだろう。野党はケッペキすぎるほどケッペキだからである。ただ、ルーズなのがいいとも言えない。

自民党は、都知事選で自民党が擁立した候補に抵抗して立った小池百合子に、何らの処分も下していない。それどころか、小池を応援した若狭勝を、衆議院の小池の後釜として公認する始末である。「勝てば官軍、負ければ賊軍」で、政党の理念などカケラもない。

力ある者はお咎《とが》めなしで、小池を応援した区議会議員の処分は再延長。このルーズさは驚くばかりである。

創価学会のルーズさは自民党と同じなのか、違うのか？ それとも、サタカマコトもいずれは折《しゃく》伏《ぶく》できると思っているのだろうか？

修養団という戦前から続く団体があるが、みそぎ研修で知られる修養団の本部は、東京は代々木の共産党本部の隣にある。戦争中に草の根ファシズムを支えたこの修養団の創始者・蓮沼門三は、この関係を問われて、

「共産党員も天皇陛下の赤子です。必ずや私たちの教えに従うでしょう」

と言ったらしい。大した自信である。

私は自民党と創価学会のルーズさについては激しく指弾しながら、野党にはある程度のルーズさを求めたい。野党共闘はある程度のルーズさによって成り立っているものだが、野党第一党の民進党に与党寄りの者が少なからずいて、共産党とは共闘しないなどと言い出す。幹事長の野田佳彦など、ケッペキとは縁遠い人間がそんな世迷い言を繰り返すのである。

ちなみに一九七〇年に藤原弘達の『創価学会を斬る』（日新報道）が学会あげての凄まじい出版妨害に遭ったとき、次の作家たちが潮出版社の刊行物への執筆拒否を宣言した。五木寛之、野坂昭如、結城昌治、梶山季之、佐野洋、そして戸川昌子である。

（2016年11月4日）

電通のマスコミ支配

電通の過労自殺はなぜ繰り返されるか？　それは電通がマスコミを支配し、不利な情報を流させないようにするからである。

テレビも新聞も、そして出版社も電通の批判はできない。広告を電通に依頼し、電通依存になっているからで、『週刊金曜日』のように、広告を載せない出版社にしか電通批判はできない。

『電通の正体』（金曜日）は、数少ないその貴重な報告書。序章に、同誌の編集委員でもあった筑紫哲也の、一九九八年の沖縄県知事選挙についての一文が出てくる。このとき、予想を覆して、現職の大田昌秀が新人の稲嶺恵一に大差で敗れた。当時、TBS系『NEWS23』のキャスターだった筑紫は、こう報告している。

「沖縄の象徴的人物とされた現職相手に勝ち目はないと誰もが尻込みし、沖縄経済界が半ば本土政府へのアリバイ証明のため選挙二か月前に〝犠打〟覚悟で擁立した人物が勝利をおさめた。この結果には、諸々の政治的要因が彼我双方にからんでいることはもちろんだが、広告宣伝技術の選挙への導入が見事な成果をおさめた例としても特筆されるべきだろう」

抑えた書き方をしているが、要するに大田は電通に「やられた」のである。

知事選告示の直前、沖縄県内の至るところに、「九・二%」と刷り込まれた黒地のポスターが貼られた。県内の失業率だが、掲示の主は不明。同じく「県政不況」というコピーもあふれ、すべてを大田県政の失策にすりかえる宣伝が効果を発揮したのである。

『電通の正体』の末尾で、私は『小説 電通』の作者の大下英治と対談しているが、そこで大下がこう言った。

「全国の電通のビルは、全部といっていいほど自社ビル。その地価が全部上がって、電通はそれでお金をものすごく儲けたわけです。そのお金の豊かさをもって何をしたかというと、戦後、新聞社が経営的にきつかった頃、広告を出す手伝いをした。企業から新聞社への広告代金は全部手形だったのですが、それを電通が自分で割って、現金を新聞社に渡した。時には電通が新聞社に前借りまでさせていたそうだ」

私はそれに、

「電通は大型マチ金だったと言えますね」

と応じている。

「マチ金」とは街の金融機関の略で、かなりブラックな金貸しを指す。利息も高いが、急場をしのぐのに利用される。そんなマチ金のような働きも電通はしていたということだが、マスコミ支配ということで、私が最近、憂慮しているのは創価学会である。

テレビでも「ソーカガッカイ」の提供番組が目につくが、『聖教新聞』のそれも目立つようになった。電通が学会と結んでいるかどうかはわからないが、マスコミ支配ということで腹立たしい光景である。

（2016年11月18日）

〝赤い宮様〟との縁

「一村一品」運動で国際的に知られた、元大分県知事の平松守彦が亡くなった。同じ歳の元首相、村山富市が元気なのに残念である。

私は平松と城山三郎著『官僚たちの夏』(新潮文庫)の取材で知り合ったが、以後、いろいろな集まりに呼ばれた。特に思い出深いのは、田中真紀子、筑紫哲也、平松、私の四人の会である。平松と筑紫は同じ大分出身であり、平松の親分が田中(角栄)派の御意見番、西村英一(大分出身)だったこともあって、真紀子も平松を頼りにしていた。それで平松に頼まれて筑紫と私が彼女の相談役になっていたのである。といっても、主に平松にフグ料理をごちそうになる会だった。

その平松に、あるとき、

「三笠宮に、君はサタカさんと親しいらしいね、と言われたよ」と耳うちされた。

たぶん、園遊会か何かで会ったのだろう。

三笠宮が私の発言に注目してくれていたのだという。

三笠宮は昭和天皇の弟で、その後『帝王と墓と民衆』(カッパブックス)がベストセラーになったぐらいのことしか私は知らなかったが、いろいろと読んでみると、確かに私と似た指摘をしている。

三笠宮は一九四三年に南京に赴任し、陥落からおよそ五年前に、この地で日本軍が大虐殺を行なったことを知る。それで将校たちを前に「略奪暴行を行ないながら何の皇軍か」と激しく怒ったという。

そして一九五六年に出した『帝王と墓と民衆』で、

「罪もない中国の人民にたいして犯したいまわしい暴虐の数かずは、いまさらここにあげるまでもない」

「内実が正義の戦いでなかったからこそ、いっそう表面的には聖戦を強調せざるを得なかったのではないか」と書いた。

南京に赴任して、「聖戦」とあまりにも乖離した現実にショックを受け、

「信念が根底からゆりうごかされた」のである。

これに対する反響は大きく、三笠宮を非難する文章まで配られた。しかし、三笠宮は当時、

「経験と視野はせまいかもしれないが、私は間違ったことは書いていない」と怯《ひる》まなかった。

私が三笠宮の存在を意識したのは、たぶん、

「二月一一日を建国記念日とするのは歴史的根拠がない」

と紀元節に反対する意思を表明したときである。

このときも、賛成派が三笠宮邸に押しかけるなどした。

一九八四年に出した『古代オリエント史と私』という自伝では、南京駐在時に青年将校から
「兵隊の胆力を養成するには生きた捕虜を銃剣で突きささせるにかぎる、と聞きました」と記し、

「(中国人捕虜たちへの)毒ガスの生体実験をしている映画も見させられました」と打ち明けている。

そんなことから〝赤い宮様〟と呼ばれたが、宮は事実を述べたにすぎないのではないか。


（2016年12月2日）

〝日本海物流〟の時代

二〇一六年一一月二八日に、酒田市新田産業奨励賞記念講演会が同市の東北公益文化大学で開かれた。日本総合研究所会長の寺島実郎が講演し、その後、私と対談するというスタイルは今年で五回目である。今回のテーマは「生き残る地域となるには」だった。

寺島はまず、日本はどこの国と貿易して飯を食っているのかという問題を設定して、米国とのシェアが落ち込み、中国とのそれが増えている、と指摘する。

一九九〇年には米国相手が二七・四%だったが、二〇一六年は一五・九%。それに対して中国相手は三・五%から二一・四%まで伸びている。すでに米国を抜いているのである。台湾、シンガポール、香港などを加えた大中華圏では三〇%以上になり、アジア全体では現在五一・三%。「それが日本の自画像だ」と寺島は説く。とすれば、TPPは中国を除外するものだから、それにこだわるのは自分で自分の首を絞めることになる。

トランプがTPPを蹴っとばしたことによって日本は救われた形だが、安倍政権は「日本の自画像」をきちんと見ているのか、ということである。

貿易構造がアジアにシフトするとともに、日本の物流構造も〝日本海物流〟の時代になっているという話も刺激的だった。

二〇一四年の世界の港湾ランキングで、東京は二八位で横浜は四八位。かつて二位だった神戸は五六位に落ちている。第一位が上海で、二位がシンガポール、三位深圳、四位香港、五位寧波、六位釜山、七位青島で、一〇位までがすべて大中華圏の港である。

米中貿易も盛んで、二〇一五年に米中貿易は日米貿易の三倍になった。米中貿易の船は鹿児島沖を通っているのではなく、津軽海峡を抜けて日本海に出る。その方が二日早いからである。

そのため、日本海側の港湾が全国平均よりはるかに高い伸び率を示し、酒田は島根県浜田に次ぐ伸びである。これまで日本海側を「裏日本」と呼んできたが、日本の長い歴史のなかでそんな呼び方をしたのは戦後だけだ、とも寺島は批判する。そして、こう結んだのである。

「二一世紀は〝裏と表〟が反転するぐらいの発想で向き合わないといけない。日本海は冷戦時代、イデオロギー体制が違うソ連（現ロシア）、北朝鮮、中国と日本を隔てる〝隔絶の海〟だったが、冷静に見ると、日本海はユーラシア大陸と日本をつなぐ内海であり、これからは内海としての環日本海という大きな構想がとてつもなく重要になってくる」

かつて、酒田は〝西の堺、東の酒田〟と称されたほど栄えた港町だった。いまや、見る影もなく落ちぶれたとばかり思っていたが、そうでもないということを具体的に数字で示されて、なるほどと認識を新たにした寺島の講演だった。

（2016年12月16日）

「どアホノミクス」の正体

オビに「過激な論客ふたりが初めて手を組んだ！」と謳《うた》う、浜矩子と私の『どアホノミクスの正体』（講談社＋α新書）の「はじめに」で、浜は四回八時間に及ぶこの対談が「実に陽気だった」とし、「素直なりし者たちの陽気な高笑い。これが、暗雲を蹴散らかす。皆さん、一緒に笑いましょう！」と結んでいる。

その後、浜には二〇一六年一二月一六日に『俳句界』の対談にも登場してもらったが、浜が落語が好きと聞いて「笑い」にこだわる理由がわかった。笑いながらも、彼女の指摘が鋭い。

冒頭、私が、安倍首相の秘書官の今井尚哉が〝アベノミクス批判はやってもらった方が、本当にやりたい安全保障政策から国民の目を逸らせるからいい〟と言ったことに触れると、浜はそうではなくて、安倍のなかで明確にそれはつながっている、と断言した。

二〇一五年四月二九日に、笹川平和財団米国でのスピーチで安倍はこう言っているという。

「(日本経済は)デフレから脱却して、経済を成長させ、そしてGDPを増やしていくことになりますし、当然、防衛費をしっかりと増やしていくこともできます」

つまり、アベノミクスは幽霊ではあるが正体があり、それは軍備増強と富国強兵なのである。浜はシャープにも、アベノミクスを「アホノミクス」と一蹴し、最近は「ど」をつけて「どアホノミクス」と呼んでいる。

そのリーダーの安倍は、GDPを六〇〇兆円に増やすことを目標として掲げているが、それは国防費を増やせるからである。

「本質的には、大日本帝国に立ち返り、大日本帝国憲法の世界に戻ろうとする悪だくみの明確な一環、有機的な歯車をアホノミクスは形成しようとしている。そのことから私たちは片時も目を逸らしてはいけないし、目を逸らされてもいけない」

浜はこう力説する。

クリスチャンでもある浜は、経済学についての定義づけもいい。それは「もらい泣きの経済学」である。カトリック信者の浜にはキリスト教精神がベースにあり、人のために泣けるか、人の痛みを自分の痛みのごとく受けとめることができるかが、試金石になるという。

メディア批判にも共感した。

まず、メディアが異を唱えることをしなくなった。まるで、アホノミクスの「三本の矢」を一本ずつ正確に言えるかどうかを競うかのように横並びにその流れに乗らされている。幽霊の正体を言い合うようなもので、意味のないことをマジメにやっているのである。

「クレーマーが悪いイメージを持たれているが、それは企業から見た場合だ」

と私が言うと、浜はスパッとこう返した。

「むしろ、民主主義における市民は皆、クレーマーでなければいけないと思います」

その通りだろう。

（２０１6年12月23日）

沖縄は〝そば〟まで差別される

沖縄への差別については、大阪府警の機動隊員が沖縄の米軍基地建設に反対する市民に、「土人」と発言した問題をはじめ、いろいろあるが、「トートーメー」「エイサー」「沖縄そば」への差別には改めて考えさせられた。

「トートーメー」は沖縄の言葉で位牌のことだが、これを女性が相続してはならないとなっていた。しかし、これを憲法違反だという判決が出て、現在は女性でも相続できる。「エイサー」は踊りだが、一九九四年に甲子園の高校野球の応援で禁止勧告が出され、翌年に禁止された。理由は「華美である」し、「奇異である」だった。あまりにも派手だし、変だというわけである。「方言は窮極の地方自治」とも言われるが、どういう基準で「奇異」だというのか？

かつて、方言札をぶらさげさせて沖縄弁を追放しようとした軍部を思い出させる。つまり、為政者は何でも統一しようとし、統制しようとするのである。

「沖縄そば」の場合はどうか？　日本に復帰したときに、沖縄そばは「そばじゃない」と言われて、そばと表示するなと公正取引委員会に命じられた。

日本の規格では三〇％そば粉が入っていないと「そば」と名のってはいけないのだという。しかし、沖縄では、そば粉は取れないのである。そもそも、沖縄そばは昔の記録で言うと、五〇〇年前からある。これを変えろ、そばと呼ぶなとはどういうことか。

一〇年ほど前に、仙台の佐高信政経塾でしゃべってもらった琉球大学教授（憲法専攻）の高良鉄美は、沖縄そばをそばと呼ぶなと言われたら、自分の人生を否定された感覚になると話した。受験で本土に来たときに、高良はそばを頼み、灰色のが出てきたので、

「違うでしょ。私はそばを頼んだんだ」と言った思い出がある。

この問題で、沖縄でそば屋をやっていた人が公正取引委員会に行き、そこの台所で沖縄そばをつくって食べさせた。

「どうですか？」と担当官に聞いたら、

「う～ん、あんまりうまくない」

しかし、これで諦めず、二年目も行き、

「まあ、去年よりは良い」という答を得て、三年目に、遂に、

「そばと呼んで良い」と認めさせたという。

その日が一〇月一七日だった。それで沖縄では、この日が「沖縄そばの日」となっている。高良は、この日に沖縄に行って、沖縄そばを食べたら半額です、と語っていたが、沖縄県民一〇〇万人の願いを公正取引委員会の担当官は三年も無視したことになる。

だいたい、沖縄は日本国憲法のある日本に復帰したはずだった。しかし、米軍基地は撤去されず、日々、砲弾におびやかされる〝憲法番外地〟となっている。

（2017年1月6日）

三歳下の友、若宮啓文の遺著

二〇一六年に急死した若宮啓文の『ドキュメント北方領土問題の内幕』（筑摩選書）を心して読んだ。「エピローグ」がパソコンに残されていたという文字通りの遺著である。

二〇一二年三月一日に、当時『朝日新聞』主筆だった若宮は、英仏独伊そしてカナダの新聞の幹部とともにプーチンと会った。プーチンは再び大統領に返り咲く選挙戦の最中だった。若宮はまず、前年に起きた東日本大震災でのロシアの素早い支援にお礼を言い、

「これはあなたのイニシアティブだと思う」

と付け加えた。するとプーチンは、

「その通りだ」

と答え、柔道について語り出したという。

「自分は物心ついてからほとんどの人生を、柔道に熱中して過ごしてきた。私の家には嘉納治五郎の像があって、私は毎日それを見ている。それが毎日のように日本を思い出させてくれる」

いきなり、柔道の創始者の嘉納治五郎が出てきて若宮は驚いたが、英仏独伊加の幹部たちは何のことかわからなかっただろう。懸案の領土問題に踏み込んで、若宮はプーチンの「引き分け」発言を引き出す。

「この問題を解決したいのなら、双方が互いに譲歩しなければならないのではないか。あなたが大統領に復帰したら、この問題を打開するために勇敢な一歩を踏み出す可能性と展開があるだろうか」

若宮が率直にこう尋ねると、プーチンは、

「私たちは柔道家として、勇敢に足を運ばなければならない。しかし、勝つためではなく、負けないためだ。この状況において私たちが何か勝利を得る必要がないとしても不思議なことではない。この状況において、私たちは受け入れることが可能な譲歩をすべきなのだ。それは『引き分け』のようなものだ」

と答えた。

キョトンとする幹部たちにプーチンは、

「みなさん、ご存じないだろう。私と彼（若宮）は知っている。それはドローのことだ」

と〝悦に入ったように〟説明した。

これから半世紀以上前の一九五六年一〇月七日に、首相の鳩山一郎は農相の河野一郎らとともに、戦争状態の終わっていないソ連（現ロシア）との交渉のためにモスクワに向かう。『朝日新聞』の記者から転じて首相の首席秘書官となっていた若宮小太郎も一緒だった。若宮啓文の父である。鳩山は「七三歳の高齢のうえ脳溢血の後遺症」だった。もちろん、プーチンは啓文が小太郎の息子であることを承知で誘ったのだろう。

鳩山が首相で外相は重光葵だったが、この重光が吉田茂と通じた外務省と結んで、交渉の邪魔をする。外務省がアメリカの出張所のようなものであり、日本とソ連（ロシア）が接近することを嫌って、吉田や重光を動かすのである。

この構図はいまも変わっていない。それにしても、若宮が生きていたら、今度の日ロ交渉の失敗をどんなに残念がったか。

（2017年1月13日）

沖縄の差別的な勾留

辛淑玉と話していて、「沖縄問題」と言ったら、

「サタカさん、沖縄問題はありません。沖縄差別問題があるのです」と訂正された。

辺野古の新基地建設や高江にオスプレイパッドを建設することを阻止しようとする市民に対して、いわゆる本土の各県警から派遣された機動隊員は、

「ボケ、土人」などと叫んで猛烈な弾圧を繰り返している。

そして、反対運動のリーダー、山城博治を微罪で逮捕し、九〇日も拘留しているのである。

小林一茶は「雀の子そこのけそこのけお馬が通る」という句を作ったが、まさに、

「反対する住民たちよ、そこのけそこのけ国家が通る」といった感じである。

山城は二〇一六年一〇月一七日にヘリパッド建設予定地周辺の森のなかの有刺鉄線を切断したとして器物損壊罪で逮捕されたのだが、那覇簡易裁判所は一〇月二〇日勾留請求を却下した。すると

警察は直ちに公務執行妨害罪と傷害容疑で再逮捕したのである。勾留を続けるための強引な再逮捕だった。

そして一一月一一日に山城は両罪で起訴される。しかし、翌日付の『琉球新報』は、山城が「現場で市民の行動が過熱化したり、個別に動いたりすることを抑制し」「勝手に機動隊員らと衝突したりしないように繰り返し呼びかけていた」と報じている。

また、山城が二〇一五年四月に闘病生活に入り、辺野古のキャンプシュワブゲート前の抗議行動に参加できなくなった後の県警関係者の話として、「暴走傾向の人を抑える重しとして山城さんは重要だった」と記しているのである。つまりは、山城を隔離しないと反対運動が息長く続くことを恐れ、現在も勾留を続けているのだろう。

刑事法学者にはあまり革新的な人はいないのだそうだが、それにしても目に余る長期勾留で、さすがに六〇名を超す刑事法学者が山城の逮捕勾留に反対の声明を出している。

現在も弁護士しか会えない接見禁止が続いているのを怒って、落合恵子や鎌田慧とともに一月一二日に参議院議員会館で、山城らの釈放を求める記者会見をした。呼びかけ人はほかに澤地久枝と小山内美江子。その席で落合が言ったように、七二歳の落合と私が最年少である。残念ながら、なかなか若い人たちは立ち上がらない。

大病をした山城は免疫力が落ちている。だから冷えが大敵で、靴下は欠かせないのだが、その差し入れも禁止されてきた。

勾留請求の裁判で傍聴に行った鎌田は、

「山城を殺すのか！」と、裁判長に向かって叫びたかったと言っていた。

（2017年1月20日）

バカな首相は、敵より怖い

森友学園の話はバカバカしい限りだが、仮にも安倍晋三は首相である。名前を使われて「断わりきれなかった」で済むわけがない。ほかの問題でも似たようなことがあるのではないかとゾッとする。「バカな大将、敵より怖い」という言葉があるが、「バカな首相は敵より怖い」だ。

最低の安倍の醜態を見ていて、住友財閥の総理事だった鈴木馬左也の話を思い出した。住友を出て宮崎交通のユニークな経営者となった岩切章太郎が住友にいたころ、鈴木の家を訪ねた。いろいろの話の後で、鈴木が、

「岩切君、いま僕が何の修行をしていると思うかね」

と尋ねた。

まったく見当がつかないので、

「禅の修行ですか」

と言うと、鈴木は、

「いや、そうじゃない。いま僕が一生懸命に努力し修行しているのは断わり方である。総理事をしていると、いろいろ注文が来る。一つ一つ引き受けていては住友が立ってゆかぬ。しかし、断わると、きっと怒られる。まったく断わり方のむずかしさをしみじみと感ずる。怒らせぬように断わることはまったくむずかしいので、いま一生懸命、断わり方の修行をしているのだ。君たちもそのうち思い当たるようになるぞ」

と話したという。

鈴木はまた、「謙譲」ということについて次にように語っている。

「人に上に立つ者の心得として言われるのは、人の上に立つ者は、丁度消防の出初式の梯子の上で芸当をする者のようなものである。表面は甚だ派手でその者だけの力で芸をしているように見えるが、その実、梯子を持っておる者の力で芸ができるのである。もし持ち方が悪かったならば、何もできないのみならず、直ちに頂上より真逆様に地上に落ちて、命を終えるのである。よりて、このことをよく心掛け、下で梯子を持ってくれる者に対しては、常に感謝の心を以て接し、功はすべてこれを譲るの覚悟がなければ、何の働きもできないのである。また若い人たちはともすると、地位が上になればなる程、自己の手腕で抱負が行われて愉快であろうと思うが、これもまた誤りである。総じて上になる程、自分の思う通りにならぬようになるものである。もし一から一〇まで自分の意見のみを押し通すならば有為有能の材は皆去って、己もまた去らざるを得ないようになるのである。こうして上に居ってこの我を捨てるということが、甚だ苦心を要するので、その苦しみたるや、下の居って自分の意見が通らない時よりは苦しいのである」

書き写していて空しくなるのは、こんりんざい、安倍にはわからないだろうと思うからである。

（2017年3月3日）

愛国ならぬ〝愛私〟の籠池・安倍・稲田

森友学園問題を糾弾する国会前での集会で、私は次のように演説した。それがユーチューブにアップされているらしい。

まず、安倍は妻の昭恵は私人だと強調するが、では、なぜ、開校前の小学校の名誉校長を辞めさせたのか。また、自分の名前がカネ集めに使われたことについて、断わったのにしつこくてなどと、およそ通用しない言いわけをした。断わり方を知らない首相など、国民は危なくて首相にしておけない。

彼らは、愛国を叫びながら、愛私なのである。

私はそれを「左翼小児病」ならぬ「右翼小児病」と言っている。安倍も稲田朋美もすぐに口をとがらせて、まるでコドモである。

この問題のキーパーソンが籠池であることは間違いないのだから、彼を国会に呼んで話を聞かなければならない。ところが、それに自民党と並んで公明党が反対した。維新までが賛成しているのに、公明党はいつもながら、まったくおかしい。それで私は国会前で二度叫んだ。

「自民党に天罰を！　公明党に仏罰を！」

安倍、稲田、そして籠池らの主張する愛国がマガイモノであることはハッキリしたが、それをどう批判していけばいいのか。

私は、先年、安倍がアメリカの議会で英語で演説したことを改めて取り上げた。中学生が「よくお勉強しましたね」という程度の英語で私は目をそむけたが、日本のメディアもおおむね好意的だった。

しかし、私は強烈な違和感を持った。なぜ日本語で演説しないのか？

たとえば、韓国の大統領が日本の議会で日本語で演説したら、韓国には帰れないのではないか。

ところが、植民地根性まるだしで英語で演説した安倍は悠々と帰って来て、「よかった、よかった」というオメデタイ声で迎えられた。安倍のようなエセ愛国者は、言葉が暮らしのなかから生まれ、人びとの生活と切り離せないものであることを知らない。

私の問題提起にすぐに反応したのは、沖縄選出の社民党代議士、照屋寛徳だった。照屋は安倍に質問趣意書を出し、安倍は、アジアでは日本語で演説していると返答してきた。これほど強者には媚び、弱者には居丈高になっていることを示す話もないだろう。照屋が直ちに反応したのは、沖縄が戦時中に方言札をぶらさげられたりして、言葉を奪われた経験があるからである。

二〇一六年の参院選では、新潟を含む東北七県で、野党共闘は六勝一敗だった。明治維新の際の戊辰戦争で結成された奥羽越列藩同盟を最初に裏切った秋田だけが負けたのである。

「白河以北一山百文」と蔑まれた東北の人たちはまた言葉にコンプレックスを持っている。福島原発について、安倍は「アンダー・コントロール」などと言ったが、自分たちの暮らしをまったく考えない長州出身の安倍に復讐を誓っているのである。その「まつろわぬ民」の視点から安倍政権を撃っていかなければならない。

（2017年3月17日）

「ブランド」と「ノーブランド」

評価していた籠池泰典を、一転、「しつこい」と批判して噛みつかれた安倍晋三。どう見ても、安倍がシロでないことは明らかだが、安倍と籠池では、それまでに飲んできた水が違う、と表現する人がいる。

ボンボンの安倍が想像もできない泥水を籠池は飲んできたということだろう。坊っちゃんタカの安倍のまわりには、どうしても、愛国者を気取る筋の悪い人間が集まるのである。そういう人間こそ、ブランドにこだわる。二世、三世というのは安倍のようにそれしかないボンボンを指すが、

歴史家の羽仁五郎は『君の心が戦争を起こす』（光文社）で、ブランドについて、

「本来は牛や豚や馬といったたぐいの家畜の所有者が、ほかの所有者のそれと区別するために、自分の家畜の尻なんかに押すマーク、詰まり『焼印』という意味の言葉」だと喝破している。西部劇などで、牛の尻にカウボーイが焼印を押すシーンがよくあるが、ブランドというのはアレだというのである。

いまから三七年も前の時点で、羽仁はこう続ける。

「今の若者は、ブランド・マークの入った服を得意になって身につけているが、これは実は、牛や豚と同じように、飼い主に焼印を押されて喜んでいるということではないか。牛や豚はそんなことは喜ばないどころか、尻が熱くて死ぬ思いだろうが、今の若者は、女の子ならカルダンだのなんだの、男ならダーバンだのなんだのといった焼印を、喜んで押してもらっている。家畜のように、いっせいに尻をつき出して、焼印を押してもらっているところを想像してみたまえ。グッチとか、エルメスとかいうのが、昔は馬具製品をつくっていたメーカーだそうだから、悪い冗談のようなものである」

いま、銀座通りは、ほとんど、こういったブランド店に占領されている。羽仁流に言えば、銀座通りを焼印通りと改めた方がいいほどである。

安倍や籠池と同じく、冴えなかったのが東京都議会の百条委員会で証言した元都知事の石原慎太

郎だった。サムライとか何とか、オトコにこだわる発言を繰り返していたが、それについて羽仁は次のようにバッサリやっている。

「だいたい『男』という言葉は、それ以外に何のとりえもない、ただ足の間に生殖器をぶらさげただけの人間が、必死に自分の体面を保とうとするときにすがりつく思い込みだ。自分の空っぽな脳みそを埋めてくれるのが、ぎらぎらと脂ぎった『男』という言葉なのだ」

そして、こう断定する。

「男らしくないとか、男ならとかいいはじめる人がいたら、もうその人は、自分では何ひとつ考えられない、と白状をはじめたようなもので、本当ならつきあうのをやめたほうがよい。しかし問題は、多くの人が、そんな思いこみにすがりつきたいような状態に追いやられている、ということだ」

（２０１７年３月24日）

教育勅語と尊属殺人

教育勅語は一九四八年に衆議院で「排除」を決議し、参議院も「失効確認」を決議している。しかし、「親に孝」の考えを押しつける尊属殺重罰が一九七三年四月四日まで続いていたとは知らなかった。安倍晋三や稲田朋美、そして籠池泰典らはこれを復活させたいと思っているだろう。

『日本大百科全書』の「尊属殺人」の解説はこうなっている。

「自己または配偶者の直系尊属（親や祖父母など）を殺す罪。尊属殺ともいう。一九九五（平成七）年の刑法二〇〇条によって、死刑または無期懲役に処せられた。他人の生命をその意志に反して奪う行為は殺人罪（刑法一九九条）にあたるが、被害者が直系尊属である場合に殺人罪の刑を加重する加重犯であった。現行憲法は、その第一四条において法の下の平等を定めているが、第二次世界大戦後、この尊属殺人の規定がこの平等原則に違反するかどうか、が学説や判例で争われてきた。このうち、憲法学や刑法学の領域では、尊属殺人の規定が封建的な道徳観に立つものであり、平等原則に違反するという考え方が支配的であった。これに対し、最高裁判所は、一九五〇（昭和二五）年の大法廷判決において、この規定は『人類普遍の道徳原理、すなわち自然法』に基づくから、違憲第一四条に違反しない、との判決を下した。ところが、一九七三年の最高裁大法廷は、従来の判決を変更し、尊属殺人に対する法定刑が特に重い『死刑または無期懲役』であり、これを軽減しても下限が三年六か月の懲役刑で、執行猶予となりえないのはあまりにも刑が重すぎるという理由から、憲法第一四条が禁止する不合理な差別的取扱いにあたるとして、違憲判決を下した。そこで、法の実務では尊属殺人の規定は適用されていなかったが、一九九五年改正により削除された」

私は尊属殺重罰、つまり、親殺し重罰が一九七三年まで生きていたことに驚く。形式的には一九九五年まで生きていたとも言えるが、むしろ、親殺しの方がやむにやまれずという場合が多いのである。尊属殺重罰が消える契機となった事件はこうだった。

一四歳の女性が実の父親に性的暴行を受け、その後もそれが続いたが、一年経って母親に打ち明けた。しかし、父親は刃物を持ち出すなどして脅し、娘を連れて逃げた母親を連れ戻したりした。そして、父娘は事実上の夫婦状態になって、子どもまで生まれた。こんな境遇から抜け出すために、娘は父親を殺し、自首したのである。

反戦川柳作家、鶴彬は「修身にない孝行で淫売婦」と詠んだ。親孝行の修身が娘に身を売らせるのだと喝破したのだが、修身そのものが身を売らせるのだと指摘したのは魯迅だった。凶作で娘に身を売らせる時代や社会と無関係に、安倍や稲田は道徳や愛国心を強調する。それを私は根無草、もしくは仮面の「愛国心」と呼びたい。

（2017年4月7日）

毒をもって毒を制す――菅野完

かつては「薬学」を「毒物学」と言ったという。つまり、薬は〝毒〟なのである。俗に毒にも薬にもならないと言うが、そういう「いい人」だけでは巨悪は撃てない。「毒をもって毒を制す」は、いわばジャーナリズムの基本であり、森友ならぬ安倍友疑惑の問題では、籠池泰典や菅野完という毒をもって、安倍晋三という毒を制することが必要なのである。

その意味で、菅野完の『日本会議をめぐる四つの対話』（K&Kプレス）は興味深かった。これは『日本会議の研究』（扶桑社新書）を書いた菅野が、白井聡、村上正邦、横山孝平、魚住昭と対談したものだが、「はじめに」で菅野は、「反・反基地運動」とも言うべき「米軍基地歓迎運動」のようなことをやっている日本青年協議会・日本会議の関係者の主張を「対米ケツ舐め路線」と呼び、それを「戦後憲法はアメリカに押し付けられたものだ」という押し付け憲法論がどうして同居できるのかと問うている。

また、「日本会議の生みの親」である参議院の元ドン、村上は「日本会議は自民党そのものを支えているわけではない。彼らが支えているのは安倍晋三だけだ」と指摘し、同会議の伊藤哲夫が、村上が秘書をしていた参議院議員の玉置和郎のところにカネをもらいに来ながら、部屋を一歩出ると玉置を批判していたのが許せない、と話している。

「玉置が悪いと思っているなら、なぜ本人の前で徹底的に批判しないのか」

と軽蔑しているというのである。

菅野によれば、日本会議のイデオローグである高橋史朗は憲法二四条を改正すべきだと言い、「両性の合意」を「両家の合意」に改正しない限り、日本の風紀の紊乱は収まらないと考えているとか。

教育勅語なるものも、つまりは家、そして国家が第一なのである。その繁栄と安泰のために個人は奉仕せよと説いている。

教育勅語のあった時代は、女性に選挙権がなかったことも忘れてならないだろう。教育勅語を復権させようとする安倍を撃つために「毒をもって毒を制す」で、あらゆる毒を利用しなければならない。

加藤紘一は、

「安倍の背後には日本会議がいる。これまでの（自民党）総裁とは違う」

と言ったという。

菅野は、

「僕は憲法改正の目玉は九条ではないと見ています。日本会議が徹底してアンチ・フェミニズムであることを考えれば、むしろ女性の権利を抑圧するような改正をするんじゃないかと思います」

とも語っている。

レイプ事件で訴えられているお前がそう言うのかと、異論を唱える向きもあるかもしれないが、森友問題では明らかに菅野はキーパーソンの一人である。安倍というしつこい毒を排除するためには、この男をも利用しなければならない。

毒を薬に変えることは苦しいことなのである。


（２０１７年4月21日）

年金や預金のゆくえ

「貧者の核兵器」と呼ばれるものがある。

カネがかからずにつくることができて、殺傷力の高い、クラスター爆弾や生物化学兵器を指す。そこに地雷も含まれるが、地雷やクラスター爆弾（親爆弾が破裂すると、小さな子爆弾が拡散して破裂する）について見ると、アメリカ、中国、ロシアなどが〝ならず者国家〟となる。禁止条約を結ぶのに反対してきたからである。

しかし、地雷とクラスター爆弾の禁止条約はこれらの大国を置き去りにする形で成立した。推進の中核となったのは、ノルウェー、ベルギー、アイルランド、オランダ、メキシコ、スイス、ニュージーランドといった国々である。

これらの国の政府とNGOが一緒になって成立にこぎつけ、結果的に、アメリカ、中国、ロシアも容易には使えなくなった。この運動が大国中心のこれまでの国際政治の力学を変えたとも言えるのである。

ところが、日本の「ＧＰＩＦ（年金積立金管理運用独立行政法人）」がクラスター爆弾を製造している会社の株式を保有していることが明らかになった。アベノミクスならぬアホノミクスのＧＰＩＦだが、こんなことにも使われていたわけである。

二〇一七年五月一二日付の『東京新聞』によれば、GPIFが株式を買っていたのは、クラスター爆弾製造企業のアメリカのテキストロン社で、前年三月の段階で約一九二万株（約八〇億円）を保有していたという。質問主意書を出して、これを明らかにした民進党の代議士、長妻昭は、「国民の年金で買うのはおかしい」と主張している。

特定企業への投資をやめることについて、GPIFを所管する厚生労働省は「年金を増やすという原則に抵触しかねない。担当者の好みで運用ができないように、GPIFが直接投資先を選ぶことも禁じられている」と説明しているが、典型的な官僚答弁だろう。小役人の口先答弁である。

社会や環境に配慮した「責任投資」を専門とする高崎経済大教授の水口剛は、それに対して、ノルウェー、スウェーデン、オランダ、カナダなどの年金基金が、クラスター爆弾関連企業を投資の対象から外していると指摘している。議会が法律で明確に投資を禁止したり、独立の第三者委員会が関与したりして実現したのだという。

年金基金だけでなく、銀行がこれらの兵器の製造企業への投資をやめるよう働きかける動きもある。

私たちは預けたおカネがどこへ流れ、どういう形で利息として返ってくるかについて、あまり、いや、ほとんど関心をもたないが、こうした動きを通じて、銀行を変え、そして、企業を変えることもできるのである。

殺人兵器で儲ける企業をなくすことが平和をもたらすことにつながる。平和企業と殺人企業の峻別が必要である。

（2017年5月19日）

辻野晃一郎の勇気ある行動

『日刊ゲンダイ』に月一回「オススメ本」というコラムを書いているが、二〇一七年五月は辻野晃一郎の『「出る杭」は伸ばせ！』（文芸春秋）を挙げた。しかし、本当は同じ著者の『グーグルで必要なことは、みんなソニーが教えてくれた』（新潮文庫）を推したかった。

少しでも新しい本をということで前著を挙げたが、もちろん、どちらも「オススメ本」である。ただ、後者の方が大学時代に留学したり、憧れのソニーに入社して、ソニーでなくなる会社にどう抵抗したかが書かれていて、より興味深い。

辻野とは『俳句界』で対談したり、ユーチューブで東芝について語ってもらったりして親交を深めているが、『グーグルで必要なことはみんなソニーが教えてくれた』に、辻野らしいなと思ったエピソードが載っている。慶応工学部の学生時代、寒い冬の日の夜遅く、吉祥寺から乗った井の頭線に、途中の駅から外国人男性二人と日本人女性一人のグループが乗り込んできた。

一人の男性は見上げるような大男で、いきなり、あたりかまわず窓を開け始めた。冷たい冬の風がすぐに吹き込む。けっこう混んでいたが、乗客たちはたまらず席を立って行った。そうして空いた席に三人がすわる。

その男は「俺はいつでもこうしてすわるんだ」とわめき、

「日本人は誰も文句を言わないので、どんなに混んでいても、いつもこうするとすわれるのだ」と続ける。

辻野は少し離れたところにすわっていたが、「とんでもない男だな。それにしてもなんでみんなおとなしく席を立っちゃうのかな」と思いつつも、黙殺した。

しかし、幸か不幸か、電車が渋谷に着いて改札を出ようとすると、目の前にその男がいたのである。

彼は料金不足の切符を駅員の前に投げ捨てて改札を出た。駅員は「お客さん！」と呼びかけたが、彼は振り返ろうともしない。この男はいつもこうやっているのだと思った辻野は、次の瞬間、彼を追いかけて呼びとめ、知っているかぎりの「スウェア・ワード（罵倒語）」を浴びせた。

「お前いったい何やってんだよ？」

「電車のなかの態度といい、今の態度といい、日本人を馬鹿にしてんじゃないぞ」

「日本のことを尊重できないなら、とっとと国に帰れよ」

日本人からの予期せぬ英語の反撃に、その大男は一瞬ひるんだかに見えたが、すぐに顔を真っ赤にしてもの凄い形相で辻野をにらみつけ、正面から顔を寄せてきた。そのまま殴られるかと思ったそのときに、もう一人の外国人男性と日本人女性が間に入って、

「この男はたいへんに酔っ払っていて申しわけない。よく言って聞かせるので勘弁して欲しい」と言った。

辻野は「何も言わず、何の行動しない日本人」に「心底うんざり」したと結んでいるが、私にはこの無礼な男と安倍晋三が重なって見える。安倍のデタラメを、日本人が許しているからである。

（２０１７年５月26日）

平壌での世界卓球選手権——日本卓球協会会長・後藤鉀二

かつては日本が現在の中国のように世界でトップの卓球王国だった。その往年の輝きを取り戻すかのような日本人選手の活躍にハラハラドキドキしていて、一九七九年に平壌で開かれた世界卓球選手権大会の男子シングルスで小野誠治が優勝したとの記事に接した。

小野の優勝は日本にとっての残照のようなものだったが、北朝鮮の平壌で世界大会が開催されたことがあったのである。いまから四〇年前のことになる。

一九七一年が名古屋だった。このとき、愛知工大学長で日本卓球協会会長の後藤鉀二は中国チームを招致しようと考え、北京に向かう。もともと台湾派だった後藤が中国を招こうとしたのは、選手に造反されるという事件が起こり、傷ついた自らの威信を回復せんとした大バクチだった。その〃事件〃がなかったら、後藤は台湾を裏切ることになる中国招致に踏み切らなかっただろうと言われる。そうすれば、アメリカと中国のピンポン外交は実現しなかった。

この筋書は卓球が好きだった周恩来が書き、周の信頼が厚かった元世界チャンピオンで、後に国際卓球連盟の会長となった荻村伊智朗が主役を演じた。後藤は重要な脇役である。

偶然のようにアメリカの卓球選手が中国選手のバスに乗り込み、それを当時の世界チャンピオン、荘則棟がにこやかに迎えて、国交のなかった米中の選手が触れ合う。そして、アメリカ選手団の泊まっているホテルへ中国代表がやってきて、中国に招待すると申し出る、というような話に展開した。

しかし、名古屋大会の成功は後藤にとって新たなる苦難の始まりだった。後藤は中国から「中国は一つであり、二つの中国を作る陰謀には加わらない」という原則を突きつけられて、それを認めたため、台湾を含むアジア卓球連盟から激しく非難され、アジア卓球連盟会長を辞任せざるをえなくなる。そして日本は同連盟から脱退することになった。華やかなピンポン外交の陰にこんな一幕もあったのである。

さらに名古屋大会の直後から、後藤は中国首脳に「早く新しいアジア卓球連合を作れ」と迫られる。毎日のように督促され、遂に後藤も落ちた。

そして、会長が日本、副会長は北朝鮮、専務理事は中国という三か国を中心としたアジア卓球連合が発足する。その心労によって後藤は一九七二年春に急逝した。中国にイエスと言った日の翌日が後藤の誕生日だった。

このアジア卓球連合に韓国は参加を拒まれる。毎年のように加盟申請を出すのだが、許可されなかった。

こうした背景のなかで一九七九年に平壌での世界大会が開かれたのだった。私は、荻村が一九九一年に千葉の幕張で開かれた世界大会に「統一コリア」チームを参加させることに超人的な努力をしたと度々書いてきたが、卓球もけっこう生臭い政治に左右されてきたのである。

（２０１７年６月９日）

田中真紀子と櫻井よしこ

二〇〇七年に田中真紀子と『問答有用』（朝日新聞社）という対話集を出した。当時、田中は衆議院議員だったが、当選同期の安倍晋三が首相になったとき、最初の予算委員会で、「あなたは総理大臣としての器量がご自分にあると思われますか？」と尋ねたという。

田中によれば、安倍は目が点になってしまい、自民党のチルドレンたちからは、「失礼なこと言うな！」という野次と罵声が彼女に浴びせられた。

国会議事録に残っているので、あえて復唱はしないがと言いつつ、田中は「あなたはこの難局で日本を背負って立っていけると自負しているのか？　自分の器を自覚して総理大臣という職を引き受けたのか」と〝友情あふるる質問〟をしたんですがねぇ、と語っていた。

安倍はそのとき、「同期の中で誰かが総理大臣になるとすれば、間違いなく田中真紀子さんだと、みんな思ってました」と答えている。微塵もそんなことは思っていなかっただろう。

安倍は明らかに自分に合わせて「総理の器」を小さくした。そんな安倍を、当時、同志社大学教授の浜矩子は「ハジカキ王子」と命名している。しかし、田中とは反対に、安倍を絶対的に支持して強力な応援団となっているのが、櫻井よしこである。

一九四四年生まれの田中に対し、櫻井は一九四五年生まれ。田中の父の角栄以来、新潟県の長岡が田中の本拠地だが、櫻井の母親の故郷もすぐそばの小千谷で、櫻井は長岡高校を卒業している。そんなこともあって、櫻井は同郷の山本五十六を尊敬しているらしい。しかし、櫻井は山本のように責任ある態度をとっていない。

二〇一七年六月一六日号の『週刊朝日』が指摘しているが、彼女はあの森友学園が経営する「軍歌を歌う幼稚園」の塚本幼稚園で講演しているのである。ほかに、曽野綾子、渡部昇一、中西輝政、竹田恒泰、青山繁晴、高橋史朗、八木秀次らも講演している。安倍の妻の昭恵にだけ焦点が当たっているが、曽野も櫻井も、この問題に口をぬぐって知らんぷり。

森友学園の前理事長、籠池泰典は、

「あの頃は、日本会議の先生方を幼稚園にお呼びして、お国のためやと思っていたからね。なんぼ金を出しても惜しくなかった。お忙しいスケジュールを縫って大阪まで来て頂いた先生方には、今でも感謝しているよ」

と当時を振り返りながら、特に櫻井については次のように話している。

「講演は結構、金かかるんよ。中でも櫻井よしこさん、結構高かったよ。講演料の八〇万（税別）。秘書の人とギャラの交渉したんやけど、『通常一〇〇万ですが、幼稚園だから、少し安くします』って話になって八〇万になった」

このことについて、櫻井は語る義務があるだろう。

（2017年6月30日）

犬養道子の〝石原莞爾〟観

犬養道子が亡くなった。

私は一時、彼女の著作を耽読した。しかし、拙著の『時代を読む』（光文社文庫）を読み返して、最初は敬遠していたことを思い出した。

まだ、経済誌の編集者をしていた三四歳のころに、『お嬢さん放浪記』（中公文庫）から読み始めたのだが、その読後感として、こんなことを書いている。

「宰相の孫娘の書いたものなど読めるかという気持ちが強くて、この著者の作品とは疎遠のまま過ごしてきた。しかし、それは食べず嫌いだったようだ。一九七九年の中頃、私は東洋経済新報社の冨士ケ根靖雄さんから、この本を読むようにすすめられた。旅行中にヒマを見つけて読み上げた。そしてさらに繰り返し読んだほど、魅力的な紀行文である。

しかも、書いたのは著者が二〇代の時というから驚く。祖父の犬養毅が一九三二年の五・一五事件で暗殺されたという試練が、この人の眼力に影響しているのだろうか」

次に読んだ『セーヌ左岸で』（中公文庫）では、パリにやってくる日本人観光客の姿を冷静に描いた「日本人の残して行った落書き」に衝撃を受けた。

これはユングフラウのケーブル終着駅の壁一面にのこされた署名入りの落書のことである。「一流大学」や「一流企業」の人間の〝ひどすぎる〟としか言えない落書きも多かったという。

彼女の恥ずかしさと悲しさを察して、駅の管理人はこう言ったとか。

「ま、どこの国にもしようのない人間はいるもんでさ。ただし、あなたのお国の場合には、その、しようもない連中だけが外国に出て来ると見えますねぇ。わたしには日本語は読めないが、どういうことが書いてあるんです？　身なりだけは日本人はみな、きれいにしてますが、おそらく無教育な連中なんでしょうね」

そして、『花々と星々と』と『ある歴史の娘』（ともに中公文庫）というユニークな自伝。いや、半生記。これは私がのちに『石原莞爾 その虚飾』（講談社文庫）を批判的に書く大きな動機となった。

犬養の「血」を嫌いながらも、祖父には惹かれていた道子は学習院に入学する。そこはやはり庶民には理解できない「別天地」だった。しかし、そこから「白樺派」が生まれたのである。

さまざまな人が出入りする犬養家で「親子丼をいつもお代わりした書生」が、蔣介石だった。

「偏狭排他のナショナリズム。それこそは、私が人生はじめの七年間にそれを吸収し、それに浴し、それに吸いこまれ育ったインターナショナリズム・普遍主義の『白樺』の主唱理想と全く相いれぬものであった」

と指摘する著者は、

「祖父、犬養木堂（毅）暗殺の重要要素をなした満洲問題は、その発生から満洲国建国までの筋書一切を極端にして言うのなら、たったひとりの右翼的神がかりの天才とも称すべき人間に負うていた。『満洲問題解決のために犬養がよこす使者はぶった斬ってやる！』と叫んだあの石原莞爾その人である」と続ける。

（2017年7月28日）

甚句で伝える悲劇の教訓

二〇一七年度日本民間放送連盟賞のラジオ報道番組部門、北海道東北地方の審査で、思いのこもった優れた番組に出会った。IBC岩手放送の『使命――未来へ贈る津波甚句』である。YBC山形放送の『私は、LGBT』もいい番組だったが、『津波甚句』には及ばなかった。

驚いたのは、一八九六年六月一五日の明治三陸津波で六〇〇〇人が亡くなったのをはじめ、昭和三陸津波、そしてチリ地震津波と、二〇一一年三月一一日の東日本大震災による津波を前にこれまでも津波が三陸を襲っており、多くの死者が出ていることとである。それ以上に、教訓は年月によって忘れられるということも知った。

二〇一一年のあの悲劇からわずか六年後の公的避難訓練に参加したのは、二〇〇人余だったという。どうしたら、教訓を教訓として生かすことができるか？

岩手県釜石市在住の主婦、藤原マチ子と北村弘子は考え、「釜石あの日あの時甚句つたえ隊」を結成する。

藤原は大好きだった兄を、二〇一一年の津波で失った。兄は相撲、相撲に生きる〝相撲バカ〟だった。その兄を思い、「二度と津波で死なないで」という訴えを相撲甚句に託したのである。

「三月一一日のいつもと変わらぬ午後のこと」。相撲甚句ならぬ〝津波甚句〟はこう始まる。

悲劇は早く忘れたい。しかし、忘れたくとも、忘られない。そういう遺族に「忘れないで」と訴える辛さをかみしめながら、それでも藤原と北村はこの甚句を披露し続けてきた。それは四年間で一七〇回にも及ぶ。

これを聴いて、二人に「震災のことを自分は何もわかっていなかったんだなって（気づきました）」と泣きくずれる人や、婚約者を亡くして呆然としたまま日を過ごしてきて、「もう一度幸せになってもいいのかなと思いました」と語った女性もいた。

番組のなかで子どもに尋ねる場面がある。津波が来たらどうするか、と。ある子どもは「ママの帰りを待つ」と答える。

しかし、正解は「すぐに逃げる」なのだ。ママも、子どもが逃げていると思えば家に帰らなくてもいい。〝生命てんでんこ〟とはそういう教えなのだ。緊急のときには生命はひとりひとりで守らなければならないということである。

「釜石の奇跡」と言われる例がある。釜石中学では訓練通りに避難して助かったのだ。甚句は歌う。

「人は奇跡というけれど」。

子どもたちも奇跡ではないと口をそろえる。

番組の結びに「防災センター」編がある。仮に防災センターを避難所として演習を行なった。あくまで仮にだったのだが、八〇日後に津波が襲い、そこに逃げていた人の多くが亡くなった。

生存者にこれを歌っていいかと尋ね、二人は初めて「防災センター」編を歌った。そこにはほかの生存者が来ていたことを二人は後で知らされる。私の説明では思いは伝わらないと歯がゆくなるばかりである。

（2017年8月4日）

男言葉と女言葉——星野安三郎

両親が亡くなって酒田の実家を売却し、置いてあった学生時代の本を現在の住居に持って来た。段ボールに入っていたそれを開いたら、いまから五〇年以上前のなつかしい本が次々と出てくる。特に憲法問題の本が多い。

いずれも岩波新書で『憲法を生かすもの』『憲法と私たち』『憲法読本』上下、そして『憲法講話』と『憲法を読む』など。当時、政府が進める改憲のための研究会に対抗して「憲法問題研究会」があり、わが師の久野収はもちろん慶応のゼミの先生だった峯村光郎もそれに入っていた。その研究会が開いていた講演会に私は熱心に行っていたのである。

『生かすもの』『私たち』それに『読本』はそれをまとめたもので、『講話』は宮沢俊義、『読む』は小林直樹という両東大教授が書いている。ちなみに、元文部官僚の寺脇研は小林ゼミに入っていたと聞いて、なるほどと思った。

当時の学者は、現在よりもずっと現実感覚がシャープだった。なかでも共感した憲法学者は星野安三郎で、星野の『憲法に生きる』（三省堂新書）や『母と教師の憲法読本』（労働旬報社）は以後、憲法問題に関する私の座右の書となった。

『母と教師の』に「男女の差別と平等」という章がある。そこに、日本語には「男言葉」と「女言葉」があり、その差別がない外国人からみると、非常に奇妙に映る、と書いてある。

たとえば、食事時になると、男は、

「おお、腹がへったな、飯にしねえか」と言う。

それに対して女は、

「お腹が空いたわね、お食事にしましょうよ」となる。

ところが、教えた人間がガラが悪かったのか、日本人と結婚したドイツのある若い女性は、食事のときに「おお、腹がへったな、飯にしねえか」と言うという。

星野はこれについて、

「夫婦して招待する慣習のない日本では、夫のところに遊びにくるのは男友達ばかり。とうぜんそこでは男言葉が使われるわけである。男言葉と女言葉の区別のないドイツ人からすれば、それが日本の標準語と思うだろう。自信をもって『飯にしねえか』というのである」と指摘している。

また、原水爆禁止の署名運動を杉並の主婦たちよりも先に始めたのは、人類愛善会の人たち、つまり、大本教の信者たちだった、とも星野は書きとめている。大本教はエスペラント運動のスポンサーだが、戦争中に大本教が徹底的に弾圧されたのは、エスペラントを推進するようなインターナショナル性（つまり、日本第一のナショナリズムを超える）と、教主が女性だったことが、男系の天皇制と相容れなかったからではないかと私は思っている。そう考えれば大本への弾圧の異常さが理解できる。

（2017年8月25日）

『わが筆禍史』への重要補遺

まぐまぐの連載に加筆した拙著『わが筆禍史』（河出書房新社）は、すでに特に出版関係者の反響を呼んでいるが、「原発文化人批判」を書きもらしたことを思い出した。

二〇一一年三月一一日の東日本大震災から一か月後、『週刊金曜日』四月一五日号に、私は「原発文化人25人への論告求刑」を緊急執筆した。

表紙に弘兼憲史、養老孟司、勝間和代、堺屋太一、大前研一、ビートたけしらの名前を並べ、本文では彼らのイラストも添えたこの号は完売となった。これはその後、『原発文化人50人斬り』として毎日新聞から刊行され、現在はその題名で光文社知恵の森文庫に入っている。

先日、ある経済産業省の官僚と会って、

「あの本は出るとすぐ買いましたよ」と言われた。毎日新聞出版刊の本のことだろう。

このとき、名前を出されたC・W・ニコルが動揺したといった話も聞こえてきた。環境問題を云々している彼が原発のPRを手助けすることになってはダメである。彼は、そのつもりはなかったと弁明したらしいが、それで済む話ではない。

茂木健一郎や中畑清、荻野アンナや幸田真音もここで槍玉にあげたが、その後、付け加えるとしたら、佐藤優や山内昌之である。

彼らはどのくらいのカネで転んでいるのか？　「論告求刑」の書き出しでは、青森県知事選挙に絡むアントニオ猪木の例を紹介した。ちょうど、その前に猪木の秘書の佐藤久美子が書いた『議員秘書 捨身の告白』（講談社）を読んでいたからである。

二〇年ぐらい前の話だろうか。

それによると、最初、原発一時凍結派の候補から、一五〇〇万円で応援にきてほしいと言われ、そのつもりだったが、原発推進派のバックにいた電気事業連合会（電事連）から一億円を提示され、猪木はあわてて一五〇〇万円返して、推進に乗り換えたという。二〇年前の一億は、いまの何億ぐらいになるのか。

本間龍の『電通と原発報道』（亜紀書房）に、二〇一〇年度の単独広告宣伝費の上位一〇社が載っている。一位がパナソニック（松下電器）で七三四億円。以下、花王（五一三億円）、トヨタ（四九九億円）、ＮＴＴドコモ（三三九億円）、シャープ（三三二億円）、アサヒグループ（三〇七億円）、東京ガス（二九四億円）、ＫＤＤＩ（二七〇億円）、三菱自動車（二七〇億円）、そして東京電力（二六九億円）と続く。

しかし、東電を含む電力会社が集まっている電事連の「普及開発関係費」が八六六億円で、合計すると、軽く一〇〇〇億円を超す。

『電通と原発報道』には拙著『原発文化人50人斬り』から、次のような話が引いてある。それは、漫画家のみうらじゅんが、東電からのオファーで、四コマ漫画一作品に五〇〇万円出すと言われ、あまりの胡散臭さに驚いて断わったという話である。
原発文化人たちはもらった額を公開すべきだと思うが、どうだろうか？

（2017年9月1日）

落葉帰根――小林節の「転向」

仙台市シルバーセンターを会場とする第一二期の「佐高信政治塾」が終わった。二〇一七年四月五日のピーコと私の「ニッポン・チェック」を皮切りに同年は全五回。

例年、皆勤者には私が書いた色紙を贈る。今回は四五人ほどで、早く行って講義前に書き上げた。受講者に印鑑を彫る人がいて、それを捺して、私の下手な字がようやくサマになっているところがある。

二〇〇六年の第一期のとき、「天日無冠」と書いて、私が署名し、受講者の名前を書いた。

翌年が「問答有用」。これは徳川夢声翁が続けていた対談のタイトルで、田中真紀子と私の対話の書名にもした。

自民党がリベラルな宏池会や田中派から、「加藤の乱」を経て、小泉純一郎や現在の安倍晋三らのタカ派に主導権が移り、まさに問答無用の政治となってしまった。たぶん、そうした風潮に抗して、私はこの言葉を選んだのだろう。民主主義とは、つまり、問答有用ということである。

続いて、「大道無門」「一日一生」「飲水思源」「有言実行」などを選んでいる。徳間康快の伝記の表題とした「飲水思源」は、水を飲むときにはその源を思えという意味である。

二〇一六年は「面々授々」だった。これはわが師・久野収についての拙著の表題ともしている。

たしか、同年の開講は憲法学者の小林節との対談だった。

往復の車中でいろいろ話したが、小林の父親は日本教職員組合、つまり、右派から目の敵にされる日教組の創立メンバーだったという。バリバリの日本社会党員で、家には『社会新報』『赤旗』そして『朝日新聞』が配達されていた。東京の都教組の書記次長をしていて、毎晩遅く酔っ払って帰って来る。

そんな父親に反発して小林は右旋回していく。しかし、長じて、自民党のブレーンになると、特に二世・三世が多い彼らの愚かさをイヤというほど知らされた。彼らの考えているのは改憲ではなく〝壊憲〟である。そんな奴らに憲法をメチャクチャにされてたまるかと思って、小林は彼らへの批判を強めるようになった。批判に慣れていない彼らは、それで小林を遠ざけるようになる。

自分は改憲派だが〝壊憲〟はダメという小林の論には、具体的な説得力がある。いわば小林はリベラルとなったのだが、息子のそんな「転向」を父親は喜んでいたという。強烈な反発を経ての和解だった。

小林に社民党宮城県連の封筒に入った謝礼を渡すと、小林はなつかしそうにその封筒を眺め、帰ったら、仏壇にそれを供えると言っていた。先年亡くなった父親への何よりの供養となったのかもしれない。

その年は色紙に「落葉帰根」と書いた。

落ち葉は根に帰る、つまり、土に還って根の栄養になるという意味だろう。

「足下を掘れ、そこに泉が湧く」というゲーテの言葉も私は好きだが、主に中国の四文字の言葉にやはりこだわりたい。

いずれにせよ、足元が大事ということである。

（2017年9月8日）

巨大ブラック企業とメディア

『巨大ブラック企業』（河出書房新社）は、私が引き出し役となって最もふさわしい論者に、東京電力、東芝、日本航空、トヨタ、松下電器（パナソニック）について語ってもらったものである。

「巨大」も意味があり、ワタミなどのいわゆるブラック企業より、その闇は深いのだという前提の下にタブーなしで実態を白日の下にさらした。

東電の斎藤貴男、東芝の辻野晃一郎、日本航空の森功、トヨタの井上久男、そして松下の立石泰則は、辻野を除いて、ほぼみんな当該企業から出入り禁止になっているか、少なくとも煙たがられている。辻野のみがソニー出身の経営者（現アレックス社長）だが、敬遠されるような論者でなければ真相は語れないのである。

私は『巨大ブラック企業とメディア』という題名にしたかったほど、いまの日本のメディアの企業に対する迫り方は弱い。

最後の松下論で立石は、三代目社長の山下俊彦は批判を大事にしたが、六代目の中村邦夫からおかしくなったと指弾する。

「僕は、相手が誰であれ、問題があればそのことを書きました。それが続くと、コメントさえも、広報は出さなくなった」

出さないのは、立石の取材を受けているという痕跡が残るとまずいからだとか。

次のように広報に言い切った山下とは、あまりにも対照的だろう。

「松下家のスキャンダルが出ようが何が出ようが、それを止めるようなことはするな、それは君たちの仕事ではない。そういうことが出るようなことをしたことが悪いのだ。僕にもスキャンダルがあったら、それも止める必要はない。君らは松下電器のために働いてくれ」

立石は、山下が社長でなかったら、とっくの昔に松下は潰れていたと断言する。「選んだ人にも責任がある」と松下幸之助に言ったと言われる山下は幸之助にも怖れず直言した。幸之助は長年仕えてきた幹部がかわいいので、事業が大きくなると次々と分社化してその会社の社長にした。

しかし、山下は幸之助を説得して、それをやめさせる。なぜか？

「分社化して設立された会社は販売機能を持たないから、松下本社が販売を請け負う。つまり、事業の分社化は松下本社の商社化を進める一面があった。商社化が進めば、松下はメーカーマインドを失ってしまうことになります。家電メーカーの松下が商社化するのを見過ごしていいわけありません」

これが立石の分析であり提言である。

中村時代の最大の問題は、広報と宣伝の間にあったファイアウォールをなくしてしまったことだと立石は続ける。なくしたのは大手では松下だけだった。取っ払って一緒にすると、どうなるか？松下に批判的な記事が出ると宣伝の人間がクレームをつけにいくのが常態化したのである。つまり、カネでメディアを籠絡するのが露骨になってしまった。

（２０１７年９月22日）

強いられた亡命

私はトーマス・マンのけっしていい読者ではない。しかし、独裁者ヒトラーに対して、あくまで抵抗した作家として敬していた。池内紀の『闘う文豪とナチス・ドイツ――トーマス・マンの亡命日記』（中公新書）を読んで、マンが突然、祖国から放りだされたことを知った。

一九三三年二月、マンは地元ミュンヘンで講演し、ヒトラーによるワーグナーの偶像化とその音楽の悪用を痛烈に批判した。その後、妻とともにオランダとフランスへの講演旅行に出たが、ヒトラーはその帰国を差し止める。ためにマン夫妻がそのまま亡命生活を送ることになった。

そして一九三六年一二月、ボン大学はマンの名誉博士号を剝奪する。七年前にマンがノーベル文学賞を受けたのを機に授与したそれを自ら取り消したのである。

戦後も、新聞には、マンを攻撃する次のような悪意に満ちた記事が掲載された。

「名前をトーマス・マンという、あのよその国で私たちのために詩人になるはずであったのに、ならなかった男――この男は苦しみというものを何も知りません……この男は私たちの何を知っているのでしょう。何も知りません。国民社会主義がドイツ人の魂の深部に注ぎ込んだ苦しみのいくばくかでも、ほんとうに知っているでしょうか。何も知りません……」

ベルリン・フィルハーモニー管弦楽団の指揮者としてドイツにとどまり、ナチスに協力したフルトヴェングラーは、戦後になって亡命先から帰ったマンに会いたくなって、面会を申し入れた。

しかし、マンに「二人の間には埋めがたい溝があるから会わない方がいいと考えます」と断わられ、たいへんに怒って、こう言ったという。

「わたしは、トーマス・マンのような人間とはわけがちがう。まるでシャツを着かえるように、なにかあるたびに国籍をかえるような人間とはわけがちがう」

これは、カーチャ・マンの『夫トーマス・マンの思い出』（山口知三訳、筑摩書房）に書いてある話だが、マンは「シャツを着かえるように」国籍を変えたわけではない。先述したように亡命を強いられたのである。

ただ、それを望んだとしても亡命できなかった大多数のドイツ国民にとって、マンは戦後しばらくは馴染みにくい作家だった。

山田太一の『あめりか物語』にアメリカに移民した日本人のこんな声が出てくる。

「帰りたかとよ。もう、日本へ帰りとうて矢も楯もたまらん。損得なんぞ、どうでもよか。日本で死にたか。こぎゃん外国で、これ以上生きていく気力もなんもの一なった。日本がなつかしうて、たまらん。英語もすかん。洋食もすかん。なんぼ景色がようても、そぎゃんもん、見とうもなか。日本、恋しやばい」

（2017年9月29日）

姜尚中が失った社会への眼

敬愛する城山三郎が晩年に健康のためゴルフをやっていたから、ゴルフに対する偏見が強くあるわけではない。しかし、私は一度もやろうとは思わなかった。

そんな私にとって、『サンデー毎日』二〇一七年一〇月八日号の対談での姜尚中の発言は、彼の変貌を象徴するもののように見えた。

「先生のすごいところは、新しくはじめたことにすぐハマるところですね」

と水を向けられて、姜は答える。

「そう。例えばゴルフ。ゴルフをやり出したら人間終わりだと思っていたんですよ。サラリーマンが駅のホームで、傘を逆さにスイングの格好をしているのを見るのもイヤだった。それが、二年ほど前からハマってしまって。ゴルフをやっている時は、何もかも忘れちゃうんですよ」

さらに姜は、「車に乗るようになると、移動の自由を手にして、視野がものすごく広がりました。ゴルフは、悪い表現で言うと〝ちんたら〟することを覚えました」と笑っている。

姜と私は二〇〇四年に『日本論』（毎日新聞社）と題する対話集を出した。わずか一五年前だが、のちに角川文庫にも入ったこの本を姜は絶版にしたい気持ちだろう。当時、彼が言っていたことと、現在の主張が明らかに違っているからである。

皮肉に言えば「視野がものすごく広がり」、あまり危険な問題は発言しなくなった。つまり、「社会への眼」を失ったのである。ゴルフをやって、「何もかも忘れちゃう」時間が多くなったからかもしれない。

私の友人の歌手、小室等は逆に、早々にゴルフをやめた。なぜか？

あるとき、羽田空港に着陸する飛行機の窓から下を見ていて、房総半島のゴルフ場が虫食い状態で、あまりにも醜かった。それで、美的感覚からゴルフをするのをやめたという。エコロジー的観点からではなく、あくまでも美的感覚からだと小室は強調していた。

「死んだ男の残したものは」とか、小室は社会性の強い歌を歌うのをやめない。ゴルフをやめて、いっそう社会的発言をするようになった小室と、ゴルフをやって社会というか現実を忘れてしまったように見える姜とは、私のなかで極めて対照的である。

城山三郎よりちょっと先輩の反骨の伝記作家・小島直記もゴルフをやらなかった。あるとき、なぜかと尋ねたら、

「ぼくは、あのキャディさんに荷物を持たせたりするのが耐えられないからねぇ」との答えだった。

もちろん、「何もかも忘れちゃう」時間を持つことは必要だろう。

しかし、かつての友・姜尚中は、忘れてはいけないものも忘れてしまって、ラクな道を歩き始めたように見える。彼も断わるとは思うが、いま、彼と対談する気にはなれない。


（2017年10月13日）

「お母さんみたいになりたくない」雨宮処凛

上野千鶴子と雨宮処凛の対話『世代の痛み』（中公新書ラクレ）が送られてきて、興味深く読んだ。一九四八年生まれの上野に対し、雨宮は一九七五年生まれ。まさに団塊の世代と団塊ジュニアで〝親子対談〟である。

私がことさらにこの本に引き込まれたのは、ほぼ一〇年前に私が雨宮と『貧困と愛国』（角川文庫）を出しているからでもある。父と娘の間ではできない踏み込みが『世代の痛み』にはあると思った。

まず、リストカットを繰り返していた雨宮が告白する。

「母がいまだに根に持っているのが、わたしが高校生の時に『お母さんにみたいになりたくない』

と言ったこと。相当ショックだったみたいです」

それに上野が答える。

「同じですよ。私も、自分の母親がこうはなりたくない反面教師でした。あなたみたいに本人に向かってあからさまには言わなかったけれど、母は私がこういう人生を歩んだことで、自分の人生を全否定されたと感じていた。そして、そのことを恨んでもいました」

上野の「こういう人生」というのは、結婚もせずに仕事を続けたことである。

上野や雨宮から見て、二人の母親には端的に言って「社会」がなかった。そんな母親、特に雨宮の母親が彼女に「自己責任」を植えつけた。しかし、雨宮は「社会の責任」もあることを知って救われる。雨宮は「とにかく〝人に迷惑をかけるな〟と呪いのように言われて育った」と言うが、上野はそれを聞くとゾッとするとして、次のように提言する。

「何で親は、そんなことを子どもたちに吹きこむんだろうって。子どもにアドバイスするなら、人に上手に迷惑をかけなさいというほうがずっとまし。だって生きていくということは、迷惑のかけ合いっこだから。迷惑をかけ合わないというのは、かかわりを持たないというのと同じこと。かかわりを持てば、多少なりとも迷惑がかかる。あなたに迷惑をかけられてうれしいという人を、五本の指で折れるくらい作っておけよ、と思う」

九〇年代後半に雨宮の周りでもかなりの人が自殺したが、その人たちが言っていたのは「自分が生きているのは迷惑だから」だった。やはり恵まれた人たちが「人に迷惑をかけるな」と言って、社会の責任を追及しない。

雨宮は、格差と貧困を是正するために若者を中心に結成された市民団体「エキタス」が、「もし最低賃金が、一五〇〇円になったら」というアンケートをとったのを報告する。回答は、病院に行ける、ダブルワークをしないですむ、もやしと鶏肉以上のものが食べられるとか、切実だった。

そうなれば年間二〇〇〇時間労働で年収三〇〇万円。三〇〇万同士がカップルになると六〇〇万円。雨宮は「世帯年収六〇〇万円なんて、富豪ですよ」と言っている。

（2017年10月20日）

枝野幸男という男

まるでダメ男の前原誠司についてのネタを探して、早野透の『政治家の本棚』（朝日新聞社）を開いた。しかし、前原は登場していない。

中曽根康弘や村山富市に始まって、前原の世代では渡辺喜美や福島瑞穂、そして石原伸晃まで取り上げられているのに前原の項がない。不思議に思って早野に電話すると、「どうも好きじゃなかったからな」との答え。

早野が石原を評価していたとは思えないが、早野にとって前原はそれほど影が薄かったということかもしれない。

石原の後が辻元清美で、トリが枝野幸男。話題性としては同程度なのに、枝野を取り上げて前原を無視したのは早野の見識なのだろう。この本は二〇〇二年に出ている。

枝野の項のタイトルは「めざすは『花神』大村益次郎」。

「本は好きでしたか」という早野の問いに、

「小児ぜんそくで寝込んで学校を休むことの多かった子供でしたから、その分、読書に走る。運動神経が悪かったので、野球もサッカーも一応やりましたけど、本格的にチームに入ってというようなことにはついていけない。だから読書は乱読でしたね」

と答えている。豊臣秀吉やキュリー夫人の伝記も読んだ。中学、高校はコーラス部に。

枝野のいた陽東中学はNHKの全国コンクールで二年連続優勝。その後進んだ宇都宮高校も関東大会で二位になった。

「そういえば、声がいいものね」と早野が合いの手を入れると、枝野は、

「声がいいから合唱部に引っ張られたのか、合唱をやったのでよくなったのか。でも選挙の役に立ちますよ。中学校のときには夏休みには朝九時から夕方五時ぐらいまで歌いっ放しですからね。演説なんて楽なものです。ノドを使うという意味では」

と告白している。

高校の校内弁論大会では三年続けて優勝。東北大に受かったら弁護士、早稲田の政経に受かったらジャーナリストになって政治家をめざすという目標を持ち、早稲田に落ちて弁護士から政治家への道をたどる。

「少し重みをつけなきゃいけないから言うなと言われるんですけど、歌手とかアナウンサーになりたかったことがあったんですよ。でも、音楽の基礎教養がない、流行歌手にはルックスが足りない、早稲田に落っこちたのでアナウンサーもだめ、そういう挫折もあったんですよ」

こう語る枝野は司馬遼太郎の作品はほとんど読んでいる。特に影響を受けたのは『花神』。

「歴史や政治での役割分担というのは、ものすごく大事」と思っている枝野に役割分担を教えた。

当時まだ三〇代の枝野はそこで、

「何かの部分で、こいつがこの役割を担わないとほかにやれるやつがいないという人間になりたいんです」

と言っている。

（2017年10月27日）

落合貴之の当選と鈴木宗男の落選

立憲民主党の躍進は嬉しかったが、なかでも東京第六区の落合貴之の当選に拍手した。三八歳の落合とは、四年ほど前、新党さきがけをつくった田中秀征の紹介で会ったことがある。政治家志望者に見られるギラギラした感じのない好青年だった。

だいたい、気難しい田中が「是非会ってほしい」と言ってきたのは落合だけである。慶大時代から田中に傾倒し、田中が政治家をやめたので、やむをえず、江田憲司の秘書になったらしい。一度は普通の職業に就けという田中の忠告に従って住友銀行に入っている。

二〇一七年一〇月二六日付の『朝日新聞』東京版によれば、民進党の都内の前議員で最初に「希望の党には行かない」と決めたという。そのころ、立憲民主党はまだ結成されていなくて、無所属で立つことになる。無所属では比例区での復活もないわけで、「重い決断」だった。

田中と同じように保守を自認する落合は、しかし、安倍晋三等の反動的保守とは違って、特定秘密保護法や安保法制には反対してきた。

共謀罪にも反対。その理念を貫いて「一人でも戦っていく」という姿勢を示したのである。そして、自民党の世襲議員を一九七八票差で破って当選を決めた。

当たり前なのだが、損得で政党を決めないその精神が有権者の共感を呼んだのだろう。もちろん、立憲民主党に参加して、その勢いに乗った面はある。しかし、最初は無所属になることを覚悟した。まさにアッパレである。

対照的だったのは、鈴木宗男である。新党大地の比例で当選すると見られたが、落選。やはり、有権者は見ていると私は思った。

わずか四年前の二〇一五年一月二七日の「佐高信政治塾」で、鈴木は私にこう言った。

「改革というのは民衆からの、下から目線の改革でなければなりません。真の改革は下からの盛り上がりがなければいけない。小泉（純一郎）さんだとか安倍（晋三）さんだとかの上から押し付けるやり方は改革ではなくて、明らかに圧力なんです。真の改革は下からわき上がる声だということを私はいつでも肝に銘じていたいんです」

その舌の根も乾かぬうちに鈴木は、安倍自民党と手を組む道を選んだ。娘の貴子を当選させるためという目的もあったらしい。

四年前に二八歳だったその娘に絡んで鈴木はこう言った。東京電力の福島原発事故についての「吉田調書」を、もっと早く公表すればいいのに隠していた政府を追及するために、質問主意書を出した。しかし、これは公表しないという答が返ってきたという。ところが、出さないと言っていたのを、ある日突然、政府は出した。これは意図的だとしか思えない。

こう怒っていた鈴木が自民党と手を組んでは、選挙民はバカにされたという気持ちだろう。鈴木の盟友の佐藤優の右往左往ぶりもみっともなかった。

落合のさわやかな当選と、鈴木の裏切りを咎められての落選はあまりに対照的である。

（2017年11月10日）

生活者ネットの自民党的無反省

二〇一七年一二月一六日夕、くにたち市民芸術小ホールで「祝完全弁済」の集会があった。国立市の大学通りに面した高層マンションを明和地所が建てようとし、同市市長だった上原公子が条例でそれに「待った」をかけたことをめぐって訴訟になり、決着したのに後の市長が上原個人に損害賠償を請求し、それが最高裁で確定してしまった。

四五五六万円に膨れ上がった賠償金を「上原さんひとりに払わせない」としてカンパ活動が始まり、全国五〇〇〇人の市民から五〇〇〇万円が集まった。そして、「完全弁済」したのである。

「私も上原公子」を合い言葉に、市民の力を見せつけたこの会の私も呼びかけ人の一人だった。ルポライターの鎌田慧や世田谷区長の保坂展人とともにそれを喜び合っていたら、集会終了後に、「東京・生活者ネットワーク」の都議会議員、山内れい子が、「名刺交換させて下さい」と言ってきた。

それで、

「生活者ネットは、都議会議員選挙で小池百合子と組んだことを反省しなきゃダメだよ」

と声を高くしたら、

「勝たなければなりませんから」と臆面もなく答える。

「それじゃ、自民党と同じじゃないか」と、返すと、

「いや、違います」などと、もごもご言っていた。

しかし、権力を維持するために公明党と野合した自民党とどこが違うのか。小池は都知事になるなり、朝鮮高校への補助打ち切りに一番熱心だった元都議の野田数を特別秘書に任命した女である。安倍晋三をオスのタカとすれば、彼女がメスのタカであることはハッキリしていた。

右翼的な日本会議の国会議員懇談会の副会長であることも、ちょっと調べれば、すぐわかるはずである。改憲論者であることも有名だったし、そんな小池と手を結んで平気な「生活者ネット」なるものに私は強烈な不信感を持っていたが、山内の「勝たなければなりませんから」を聞いて、芯から腐っているなと思った。支持母体の生活クラブ生協もそうなのだろう。

生活者ネットはもう大分前から護憲は捨てているらしい。たとえば弁護士の萩谷麻衣子は、自分には一八歳の息子がいるから、改憲には絶対反対だと主張している。それが生活者の大事な感覚ではないのか。

萩谷の師の小林節は、娘ができてゴリゴリの改憲論から抜け出したと言っている。いのちを大事にしない、あるいは憲法と生活が結びつくことがわからない生活者ネットの議員というのは単なる権力亡者でしかない。

杉並から都議選に立った福士よし子を私は小室等とともに応援していたが、彼女は生活者ネットとは合わなかったのだろう。議員になることが目的の生活者ネットは、小池の没落に合わせて一刻も早く消えたほうがいい。

（2017年12月22日）

沖縄への信じられないヘイト

二〇一七年一二月二五日付『毎日新聞』への一面トップは「被害小学校　続く中傷」である。米軍ヘリの窓が沖縄県宜野湾市の普天間第二小学校に落下した事件で、あろうことか、学校に「やらせじゃないか」といった電話が続いているという。

「学校が基地の後からできたのに、校長のコメントがおかしい。学校は移転すべきだ」

などという電話もかかってくる。

たまりかねて知事の翁長雄志は

「目の前で落ちたものまで『自作自演』だと来る。それ自体が今までにない社会現象だ」と語った。

この現象の背後には、自民党が変質して、偏狭な排他主義が勢いを得ている現実がある。「朝鮮人は殺せ」と喚《わめ》くヘイトスピーチは、安倍晋三の再登板以来、元気づけられているのである。

自民党の最左派と言われた宇都宮徳馬は、ほんもののリベラリストの石橋湛山の直弟子をもって任じていたが（孫弟子が田中秀征）、あるところでこう言っている。

「いまの自民党の中には、歴史的にいうと二つの流れがあると思う。一つの流れは明治の近代政治が始まったころに自由民権運動をやり、その後、護憲三派運動をやり、戦争になると翼賛政治会に属さないで野党的だった、そういう流れ。もう一つは自由民権運動は反国家的な逆賊的なものだ、普選運動はアカだといい、戦争中は軍人政治、ファッショを謳歌し、戦後になって極端に米外交に追従するというもの」

前者を民権派、後者を国権派とすれば、湛山から池田勇人、大平正芳、宮澤喜一などを経て加藤紘一に流れた民権派は、安倍の祖父の岸信介や中曽根康弘を経て安倍に受け継がれた国権派に骨抜きにされてしまった。

いま自民党に民権派はいない。だから、辺野古基地建設に反対する沖縄の人びとの意を汲むことができないのである。それで、国のやることに反対するなというヘイトスピーチになる。どうしても基地建設を阻止したいという沖縄の人たちの声は切ない。ゲート前で排除され、抵抗のためにブロックを積み上げる人たちは語る。

まず、七七歳の浦添市民である。

「誰からも指示されることなく、一人ひとりが自主的に行動に加わっていた。（中略）権力を持たない人々のギリギリの表現行為が犯罪にされるとは、とても信じがたい。許されることではないと思います」

次に六九歳の那覇市民。

「沖縄の自然を沖縄の人の人権を、これでもかこれでもかと踏みにじる。日本政府に対する抵抗権として、当然のことをしたと思っている。我々ウチナーンチュは、アメリカにおけるネイティブ・アメリカンのようにすべての権利を奪われないために権力に対しては、ひるまず闘っていきたい」

警視庁から派遣された機動隊員は、イボイボのついた軍手で市民をつかみ、肋骨を骨折させたり、指の骨を折ったりした。頭部打撲で救急搬送された人もいる。

安倍にとって、彼らは国民ではないのか。

（２０１７年12月29日）

西郷隆盛と本間家

二〇一八年一月一三日（土）の夜一〇時からBS－TBSの「諸説あり」という番組で西郷隆盛について語った。私が『西郷隆盛伝説』（角川ソフィア文庫）で、西郷が庄内藩に無血開城を許したのは酒田の本間家の財産を無傷で手にしたいと思ったからだと書いたからである。

しかし、ゲスト出演を頼みに来たディレクターが、

「本間様には及びもせぬが、せめてなりたや殿様に」という俗謡を知らなかったのには驚いた。本間は日本一の大地主であり、戦後すぐ、『ニッポン日記』（筑摩書房）を書いたマーク・ゲインが訪れている。

いまは、不思議に思われるかもしれないが、当時、酒田は「西の堺、東の酒田」と並び称せられたほど栄えた港町だった。歴史はたいてい勝者がつくる。だから、薩摩と長州が中心となって明治以降の歴史は語られるが、西郷が複雑なのは勝者にして敗者であることである。いわゆる官軍の功労者でありながら、明治一〇年に西南戦争を起こして賊将となった。

あの維新の戦争のとき、東軍（幕府軍）と西軍（官軍）の勢力比は東軍のほうが上だった。

〽都見たくばここまでござれ
　いまに会津が江戸になる

こんな歌もつくられている。

一九六八年に出た田中彰の『未完の明治維新』（三省堂新書）という本がある。これで私は維新が農民にとって〝裏切られた革命〟でしかないことを知った。西郷を首脳とする官軍は、農民を味方にするため、戦争開始まもなく、旧幕府領の年貢を半分にするという年貢半減令を出す。特に奥羽、北越地方でこれを布告したが、実現させる気はなかった。

田中彰はこれについて、

「だから、政府軍の先鋒隊としての役割をになっていたが相楽総三らの赤報隊に代表される草莽隊が、政府の当初の方針どおりにこの年貢減令をその行く先々で農民に布告するや、逆にこんどは赤報隊は『偽官軍』だといって、これを弾圧してしまう」と指摘し、

「ここには新政府の本質がみごとに示されている。民衆が、幕府さえ倒れればと期待をかけた解放への希望が、たんに幻想にすぎないことに気づいてくるのも当然であった」と続けている。

相楽に赤報隊をつくらせたのは西郷だった。その西郷が相楽を見殺しにしたのだが、西郷自身も政府への反逆者となったために、「希望の幻想」あるいは「幻想の希望」が西郷に乗り移ったところもある。

それはともかく、庄内藩が降伏してから、明治政府は、荒廃した会津に庄内藩主の酒井を移そうとする。そのとき、本間家が工作資金を出して、政府に働きかけ、それは中止となる。ならば七〇万両出せと政府は命じ、酒井は本間と相談して、領民などからも徴収し、半分の三五万両を出している。

こうした歴史のダイナミズムに、林真理子原作のＮＨＫ大河ドラマ『西郷どん』が踏み込んでいるのかどうか、私は知らない。

（２０１８年１月12日）

金時鐘の疑問と怒り

賀状をやめて、たしか二〇年近くになる。

賀状というものに抱いていたスッキリしない感じを、金時鐘《キム・シジョン》のエッセイ「しきたり、いぶかり、ありきたり」を読んで晴らしてもらった。この八八歳の老詩人と私の対話『「在日」を生きる』（集英社新書）は特に玄人筋に評判がいいが、改めて『週刊金曜日』に載せる対談をやるために、先日、金の『「在日」のはざまで』（平凡社）というエッセイ集を読み返し「そうだ、そうだ」と頷いた。

「おととい別れたばかりの知人から、まめまめしくも元日早々の賀状である」と、そのエッセイは始まる。

「お気持ちはありがたいがなんとしてもつき合いが丁寧すぎてしんどい」とそれは続く。形式とか、しきたりのなかに溶け込まされるような感じがイヤなのだろう。金は「その人には悪いが、『元日』に間に合わせようと腐心したその几帳面さにかえって親近さを遠のかせるものがある」と書く。

学生時代の恩師、峯村光郎から寒中見舞いで返されたのを、いまも、妙に印象深く憶えている。法哲学のゼミの先生だった峯村も反骨の人だった。寒中見舞は「しきたり」を免れる次善の策かもしれない。しかし、いずれにせよ、賀状が普通名詞で、私信は固有名詞といった違いはある。

金のエッセイは、それから、

「私はしきたりとか定義を信じない者のひとり」だがとして、「愛」の考察に移る。

「この摑みどころのない観念物を至高の教養とおしいただいている善良達の温順さもさることなが

と皮肉をまじえながら、金は「なぜこうも『愛』に対する疑いがないのか不思議でならない」とぶつける。

あくまでも、この世の変化、改革を望む金は、それを阻む「しきたり」そして「愛」に疑問を持てと主張するのである。その激しさと徹底に覚醒させられる。金の怒りを引こう。

「井戸に落ちこんだ小さな命のためには全国の視線が釘付けにされることはあっても、何千何万とふっとんでしまう命には、常に拡散しているのが眼で確かめうる愛の範囲だ。それでいて愛は強いという。何に対してだ!?」

そして金は「私がキリストから離れたのも、まさにこの規律された愛への疑念からであった」と告白しているが、それに関連して、私はふと思い出す。

一九六四年の東京オリンピックで、聖火リレーの最終ランナーをつとめたのは、私と同じ一九四五年生まれの坂井義則だった。坂井は広島に原爆が投下された一時間半後に同県の三次町（現三次市）に生まれた。早稲田に進学して陸上の選手として活躍していて選ばれたのだが、いま、オリンピック論議が盛んなときに、「原爆を忘れまい」と考えるリーダーはいない。フジテレビに入った坂井は先年亡くなった。

この国は、確実に後退しているといわなければならない。

（２０１８年２月２日）

石牟礼道子への違和感の共有

石牟礼道子が亡くなって、改めて、金時鐘との「違和感の共有」を思った。私はなぜか石牟礼に対して、まるごと共感しきれないものを抱いていた。水俣病について、あれほど胸を揺さぶる作品は誰も書けないだろう。しかし、水俣病と闘った医師、原田正純には『原田正純の道』（毎日新聞社）という伝記も書き、個人的にも親しくなったのに、石牟礼には原田の紹介で一度会っただけで、それっきりになっていた。

そして、金との対話『「在日」を生きる』（集英社新書）で、私が、

「石牟礼道子さんは馴染めないところもあるんです」と告白すると、金は、

「どこか霊的でシャーマン的な気質を持っている。『苦海浄土』というのは、一〇〇年たってもこんな本が現れるとは思えないようなすごい本ですけどね。地域の人が『悶えてなりと加勢せねば』、持ち寄るものはなんにもないけれど一緒に悶えるんだという、あのくだりは特に印象深くて。その著者が短歌を詠むとなぜか情感的になる。やはり日本的抒情感から離れられない」と答えた。

「重要な仕事をされた方ですが、日本的な情感にからめ捕られてしまうところがありますね。それが今、水俣の問題を通じて美智子皇后と交流するようなところにもつながっているような気がしてしまう」

と引き取ったが、微妙な違和感も共有したような気がして私は嬉しかった。それが、なかなかに評判のいい『「在日」を生きる』の秘密なのだろう。

一時、新左翼的な人びととの間で「内なる天皇制」とか「内なる」が流行った。私はそれが、いわ

ゆる「敵」を見失う、あるいはその責任を見逃す方向に働く気がして好きではなかった。石牟礼の書くもの、あるいは石牟礼に共感する者の中には「内なる」を唱える者が多いように思うのは私の偏見だろうか。

だいたい、私は巫女《みこ》が苦手だし、シャーマンにも興味はない。逆に天皇制はそれなしには成立しえないだろう。

あるとき、大分県知事だった平松守彦に、

「三笠宮と会ったら、『君は佐高さんと仲がいいんだね』と言われたよ」と伝えられた。『帝王と墓と民衆』（光文社）というベストセラーを書いた三笠宮は、いわば皇室左派で紀元節の復活にもなる建国記念の日制定に反対だった。それで私などにも興味をもってくれたのだろう。

その三笠宮が自民党の実力者だった大野伴睦の事務所に来て、

「二月一一日というのは何ら科学的根拠はない。まったく科学的根拠のない日を建国の日として国家権力で祝日とするのは間違いだ」と主張し、大野を「どうもあれはおかしい」と言い出すように説得したという。しかし、右派の皇室も誕生するわけで、私はやはり、天皇制そのものに賛成できない。

（2018年2月16日）

『朝日』よ、お前もか！

森友・加計問題の報道で『朝日新聞』を批判した文芸評論家（と称する）小川栄太郎を『朝日』が訴えたと聞いて驚いた。

早速、『月刊Ｈａｎａｄａ』の二〇一八年四月号が、「『言論の矜持』はいずこへ」という櫻井よしこの主張と小川の「哀れ！　朝日新聞の自殺」を載せて「赤っ恥　朝日新聞！」という特集を組んでいる。私も、「朝日よ、お前もか！」という思いである。

『読売新聞』のドンの渡辺恒雄に叛旗を翻した清武英利との共著『メディアの破壊者 読売新聞』（七つ森書館）の「はじめに」に私はこう書いた。『読売』が清武を訴えたことを、次のように批判したのである。

「一番驚いたのは、言論もしくは批判を売る新聞社である『読売』が、ドンへの反乱を起こした清武氏に対して言論で対抗するのではなく、裁判所にその救いを求めたことである。これは自分たちの売る商品である言論に自信がないことを天下に宣言するものではないか。新聞社は訴えるところではなく、訴えられるところであると思っている私には仰天すべき椿事だった。

ナベツネ支配下で己れをなくして生きている同社の記者たちに尋ねたいが、あなた方はいま、言論以外の何を売っているのですか？　興信所の探偵まがいに清武氏の身辺をさぐって恥ずかしくないのですか？

また、裁判所にも驚いた。三菱銀行（現三菱東京ＵＦＪ銀行）が明治生命（現明治安田生命）と組んで勧めた変額保険が各地で問題を起こした裁判で、『一流の銀行がそんなことをやるはずがない』という判決が出されたが、いまはそれは嗤うべきものとなっている。読売についても同じ結果になるだろう」

二〇一二年九月一日の日付でこれは書かれているが、裁判は予想したように読売の「勝利」で終わった。残念ながら、組織の一員として書いているという意味では『読売』も『朝日』も同じなのだろう。それを痛感したのは、友人だった『朝日』の元主筆、若宮啓文の尻込みに接したときだった。

若宮に対して、作家（と称する）の百田尚樹は言いたい放題の批判をし、それを放っておいてはダメだと、私が『週刊金曜日』での対談を提案した。百田の本など買いたくもないと若宮が言うので、編集部でそれを用意し、若宮に送った。ところが、土壇場でやはりやりたくないと断わってきたのである。

ＢＳフジでは櫻井よしこと対談していたから、若宮がすべて逃げ腰だとは言いたくないが、『朝日』の良心たちにはファイティング・ポーズが足りないなあ、と思った。安倍晋三を批判して安倍に訴えられるならわかるが、小川を訴えるとは、『朝日』も血迷ったとしか言えない。

（２０１８年３月２日）

徴税部門を分離できなかったツケ

「私が大蔵省（現財務省）は優秀だと思いますのは、非常に巧みに嘘をつくからです。不良債権の問題について言いますと、大蔵ＯＢが頭取の兵庫銀行については処置が違う。信用組合と農協の理事長には私財提供を求めているのに、兵銀の頭取には求めない」

これが『諸君！』一九九六年一一月号での紺谷典子（日本証券経済研究所主任研究員）の発言である。このとき、野中広務と私が対談をし、その司会を紺谷が務めた。大蔵省が分割され、金融庁ができて、当時と様相が少し変わったが、徴税部門が分離されなかったので、腐敗の根は残った。

「戦後、内務省の解体をやったときに大蔵省も解体しなかったツケが、ここ数年で一挙に出てきた。単に日本の経済機構だけでなく、日本そのものが崩壊しかねないようなところまで来ている」

ここで野中はこう発言しているが、当時、私は『大蔵省分割論』（光文社）を出して、大蔵官僚からイチャモンをつけられていた。テリー伊藤編の『お笑い大蔵省極秘情報』（飛鳥新社）でである。「佐高の必要経費を認めなければいい」と匿名で話す彼らの正体を暴くために私は訴訟を起こしたが、彼らはこう言っていた。

「徴税省とかいって、税金を取る省、これを切り離されたら、われわれは結構顔が青くなるわけ。徴税省ができて、そこに大蔵省から人材を派遣しても、主計局に行けなかった恨みを持ってるようなやつがそこで力を持っちゃって情報を握ると、大蔵省の力は半減するわけ。だから怖い」

そのために私は大蔵省の分割を主張したのだが、税金部門の分割はできなかった。国税庁長官だった佐川宣寿の国会招致を求めて二〇一八年三月三日にもデモが行なわれたが、財務省と国税庁の看板は並んで立っている。

佐川は「巧みに嘘をつ」いたわけではなく、明からさまに黒を白と言ったことで、いま、糾弾されているのだが、政治家も国税庁にすべての情報を握られている。国税庁は徴収のためということで国民をすべて把握している情報機関なのである。

だから、小沢一郎が離れて、自民党が野党になったとき、梶山静六や野中らの実力者は徹底的に調べられたという。それも、支持者の税務調査をやる。権力を背景にした嫌がらせである。

私の訴えは相手が匿名のため訴状が届かず却下されたが、その一人は出世の階段を登りつめたと聞いた。旧大蔵、現財務省で同期の人間が三人次官になるという異例のことがあった。安倍晋三がとりわけかわいがった田中和穂をどうしても次官にしたくてそうなったと言われたが、ある人から、私を誹謗した匿名官僚はその三人のなかの一人だよと言われた。残念ながら確証がないので追及できなかったが、さもあらんという話である。

（2018年3月9日）

「地方政治は別」ではない

二〇一八年三月二二日告示、四月八日投開票で京都府知事選が行なわれた。

驚くのは、自民党と公明党が推薦を決めた前復興庁事務次官の西脇隆俊に、民進党、希望の党、そして立憲民主党が相乗りしたことである。

中央で安倍政権と対決するなどと言っても、これでは本気度を疑われる。立憲民主党幹事長の福山哲郎は京都の出身で選挙で戦ってきた経験から、自民党より共産党が遠いらしい。

しかし、立憲民主が前回の選挙で躍進したのは安倍政権の対抗軸として期待されたからである。それなのに、希望の党ならぬ絶望の党と一緒に西脇をかつぐとは何事か！　こういう場合、彼らは必ず「地方政治は別」だと言う。そんな八百長みたいなことを選挙民は見抜けないと思っているのだろうか。

対抗馬が共産党や市民の会が推薦する福山和人という弁護士。「原発ゼロ」や「安保法制反対」の運動のなかから押し上げられた。西脇はもちろん「原発ゼロ」などと言っていないから、いや、言えないから、西脇を応援する立憲民主も原発についての態度はアイマイなものとなる。

求められて私は福山の推薦人となった。そして、こんなメッセージを送ったのである。

「革新都知事として名高い美濃部亮吉は、時の首相・佐藤栄作に対抗して『ストップ・ザ・サトウ』というスローガンを掲げた。美濃部の精神を継ぐ福山和人が高らかに訴えるのは『ストップ・ジ・アベ』である」

京都には蜷川虎三という革新府知事がいた。蜷川のことはよく知られているが、大阪府知事選に革新統一候補として二度立候補した小畑忠良のことは忘れられている。小畑は旧制一高、東大を通じて岸信介と同期で住友に入り、未来の総理事とも言われた。

それなのに、戦後、社会党や共産党に推されて立ったのである。産業報国会理事長として戦争を推進する側にいた小畑は、

「多数が必ずしも正しいとはいえないということを肝に銘じて悟った」と述懐している。

「五・一五事件」の主役の一人・三上卓から、共産党の志賀義雄まで、小畑を支持する人の広がりは、常識では測れないものがあった。

「日雇い労働者にも住友のような大企業の社長にも同じ態度で接し、差別するというようなことのまったくない人」だった小畑の〝少数派〟的資質は戦前からあった。

住友本社の商工課長だったころ、それまではボーナスを課長が訓示とともに渡していたのに、小畑は自ら課員の席へ出向いて、

「ボーナスを会社の恩恵だと思ったら大間違いだぞ。それは君たちが働きすぎたからもらえるので当然の報酬だ」などと言いながら配った。

ほかの課では従前通り、課長が厳かに授与しているのに、小畑はこうしたのである。小畑の二度にわたる挑戦があって、その後、黒田了一が革新大阪府知事となった。小畑のことは拙著『逆命利

君』（講談社文庫）で紹介している。

（2018年3月16日）

表見代理知らぬ税金泥棒——森友疑惑

法律用語で「表見代理」というのがある。

たとえば実質的権限をもたない社長であっても「代表取締役」であれば、対外的にその立場で行動したと見なされる。つまり、社長として契約したことになどに会社は責任を負わなければならないということである。

今回の森友疑惑の問題で、財務省のとんでもない改竄《かいざん》が発覚して、安倍晋三は一応、「妻が一時名誉校長を務めたことで国民から疑念の目が向けられるのは当然」としつつ、それでも総辞職の気配はない。

妻の昭恵が、「いい土地ですから、前に進めてください」と言っていると書かれただけで、まともな人間なら辞めるだろう。夫が夫なら妻も妻、首相という役職の重みがまるでわかっていない。まさに「バカな大将（とその妻）、敵より怖い」である。

ちなみに『広辞苑』を開くと「表見代理」の項にはこう書いてある。

「代理権を伴わない代理行為のうち、相手方の立場に非難すべき点はなく、むしろ本人に一定の帰責事由があるため、適法な代理行為と同一の効果を生ずるとされるもの」

先に実質的権限をもたない社長の例を挙げたが、ＪＲ東海のように代表取締役名誉会長だった葛西敬之が頭に浮かんだからで、そうした例は少ないから、副社長とした方がよかったかもしれない。

いずれにせよ、安倍昭恵は、明らかに私のうしろには首相がいるんだぞ、として「首相夫人」という名前を使っているわけである。表見代理とまぎらわしいものに無権代理と越権代理がある。あるいは、こちらの方が昭恵に当てはまるかもしれない。

まず、無権代理である。

「代理権のない者が本人の代理と称してする代理行為、それでも、後日、本人が追認すれば、正当な代理行為と同じ効果を生ずる」

次に越権代理。

「代理人の権限の範囲を越える代理行為。相手方がそれを権限内の行為と信じたことに正当な理由があると、その効果は本人に及ぶ」

森友、加計両学園の問題が議論されてから二年余り。逃げまくってきた安倍は、たいへんな税金の浪費をした。自ら積極的にこの疑惑を解明することなく（自分が犯人だから解明できないわけだが）国会を空転させた罪は大きく、まさに税金泥棒と言わざるをえない。森友学園への八億円値引きもそうだが、安倍には公金という意識はないのだろう。

それにしても、「政治は昔から悪かった」と言い切ってきた〝異色官僚〟佐橋滋（城山三郎著『官僚たちの夏』の主人公のモデル）を思い出さずにはいられない。

政治家の大臣と衝突したとき、佐橋はマスコミに公表して、どちらが正しいか国民に判断してもらうと言っていた。前川喜平がその精神を継いだわけだが、残念ながら、佐橋のような存在は昔も今もまれである。

（２０１８年３月23日）

首相まで騙す、対米屈従の外務省

二〇一八年四月一日のMXテレビ『激論CROSS』で、元首相の鳩山由紀夫と同席して、外務省ならぬ〝害務省〟はそこまでやるのか、と驚かされた。たとえば、日本再建イニシアティブ著『民主党政権 失敗の検証』（中公新書）でも、

「鳩山政権がわずか九ヵ月にして政権基盤を維持できなくなった最大の理由は、沖縄県の米海兵隊普天間基地の移設問題をめぐって迷走し、政権の支持率を大きく低下させたことにあった」と書かれている。

鳩山は、首相就任二か月前に沖縄市で開かれた集会で、普天間基地の移設先は「最低でも県外、できることなら国外へ」と発言した。そして、辺野古以外の移設先を求め、徳之島案を考える。これを外務省があらゆる手段を使って潰しにかかるのである。つまり、外務省は日本の代弁者ではなく、アメリカの代弁者であり、エージェントなのだった。

その日、鳩山は「極秘」と銘打たれた「普天間移設問題に関する米側からの説明」という文書のコピーを持って来た。日付は平成二二年四月一九日。在京アメリカ大使館で行われたこの説明に出席したのは、ウィルツィー在日米軍J5部長、ヤング在京米大使館安保課長、須川内閣官房専門調査員、船越外務省日米安保条約課長、芹澤防衛省日米防衛協力課長である。

まず、「距離（六五海里――約一二〇㎞）の問題」とあり、「回転翼航空部隊の拠点と同部隊が（陸上部隊と）恒常的に訓練を行うための拠点との間の距離に関する基準であり、米軍のマニュアルに明記されている。念のため、この基準を超える例があるか調べたが、全世界的になく、最も距離のあ

る例でも三五海里（約六五km）である」と書かれている。

しかし、これは「米軍マニュアルに明記されて」はいなかった。鳩山に徳之島案を断念させるために、だましたのである。まさか、そこまでやるとは鳩山も思わなかったのだろう。当時の外相は岡田克也だが、岡田にこれは見せられず、いまは、なかったメモとなっているとか。

七つものもっともらしい理由を付けた上で、次に「居住性」の問題を指摘する。二〇〇〇名から二五〇〇名の規模の海兵隊の部隊の要員の受け入れのため整備が必要な施設は軍関係の他に、「(1)医療機関（歯科を含む）。(2)郵便・銀行・信用金庫・売店。(3)デイケア施設。(4)映画館。(5)ジム。(6)教会等の宗教施設。(7)学校」があるとし、こんな説明が加えられる。

「これらの大規模なインフラについては、ハード面のみならず、医者・教師等のソフト面での整備も必要となる。仮に日本政府が必要な施設の全てを整備するとしても、上記1の距離の所要を満たすことはない。また、徳之島という離島の環境を考えると海兵隊要員とその家族に『生活の質Quality of Life』が満たされることはない」

つまり、民主党政権は潰れたのではなく、潰されたのである。

（2018年4月6日）

「中庸」の毒

ニーチェは「神は死んだ！」と叫んでキリスト教に反逆したが、魯迅は儒教に徹底的に抵抗し、その教えを引っくり返した。

たとえば、魯迅に傾倒したジャーナリスト、むのたけじは、河邑厚徳著『むのたけじ笑う101

歳』（平凡社新書）のなかで、
「〔魯迅に〕最も惹かれたのは、論語を真正面から叩いたのが彼で、私も本当にそうだと思ったの」と告白し、「左の端にも右の端にも行くな、真ん中で行くのがいい道徳だ」と言う『中庸』はおかしいと続ける。

そして、こう結論づける。

「私は貧乏人の子で、権力支配を受けてきて、それはとんでもないと思っていた。貧乏人が問題を突き詰めて考えて勝負してこそ世の中を変えられる。真ん中でブラブラやっているのはごまかしだと思ってね。だから私は孔子の論語はごまかしだと思っている」

二〇一八年四月六日、京都府知事選挙の市民派候補、福山和人の応援に行って、改めて、その通りだと考えた。

相手の前復興庁事務次官、西脇隆俊を応援したのは自民党、立憲民主党、希望の党、民進党で、福山を支持したのは共産党だけ。とりわけ、立憲民主、希望、民進は国会では自公の安倍（晋三）政権と対決しながら、京都では手を組むというお粗末。

希望の前原誠司と立憲の福山哲郎が京都で、アンチ共産党で西脇を推したのだろう。中途半端な彼らが安倍に打撃を与えるという選択肢を奪った。実際に京都在住の知人が腹立たしいとメールをよこしている。

翌七日付の『京都新聞』の一面に写真入りで私の応援風景が載ったが、こんな記事になっている。

左京区の百万遍交差点。無所属新人福山和人（57）の応援に立ったのは、評論家佐高信（73）。

「国の官僚は『安倍一族』の方を向いて勝手なことをやり、国民の怒りが渦巻いている。福山さんの当選で安倍政権に打撃を与えよう」

福山が言葉を継ぐ。

「保守を支持してきた人も、あの安倍さんのやり方にはお灸をすえたいと思てる方がたくさんいてはる。うそのない政治の実現。京都で、私がやらせていただきます」

弁護士の福山の話は説得力があった。

結果はどうだったか？　西脇四〇万二〇〇〇票に対して福山が三一万七〇〇〇票である。たぶん、官邸は肝を冷やしただろう。

『朝日新聞』はこう解読している。

「敗れた福山氏の得票率は約四四％。山田氏が当選した過去四回の知事選では、共産推薦の対立候補の得票率はいずれも四割に満たなかった。森友学園をめぐる財務省の文書改ざん問題などを背景に政権への批判票を福山氏が得た可能性がある」

それだけに、特に立憲民主の西脇応援が口惜しい。社民党と自由党は自主投票だったが、「自主」ではなく「無主」である。

（2018年4月13日）

沈黙の表情

一度『俳句界』の対談で会っただけなのに、女優の梶芽衣子から『真実』（文芸春秋）という近刊が送られてきた。御無沙汰を詫びる手紙付きである。

女っぽくないひとだなという印象だったが、長谷部安春という監督もそう思ったようで、梶が『野良猫ロック』でなぜ自分を使ったのかと尋ねたら、長谷部は、

「笑顔がまったくないから」と答えたという。

「撮影所を歩いていても食堂にいても、いつも目が吊り上がっている。それだけで選んだ」

と長谷部は続けたとか。

梶の代名詞のようなヒット作『女囚さそり』の台本をプロデューサーに渡されて、最初は断わろうと思ったが、ヒロインがまったく言葉を発しなかったらおもしろくなるんじゃないかと考えた。

「刑務所に新入りが入ってくれば、イジメやリンチがあるのが当たり前。そこで面と向かって相手にせずに無言で通したら凄みが出ます。そうやって無視し続ければ、やがて相手はあきらめる。それで勝負してやろうと思いました」

梶はこう振り返っているが、

「せりふを一言も発しないでいいなら、お引き受けする」

という申し出は最終的に受け入れられる。主演俳優がせりふをしゃべらないという前代未聞の試みが、あるいは大当たりの要因のひとつだったかもしれない。

沈黙が雄弁に優ることもあるということである。口の重い東北出身の私は、どうしても、ペラペラペラペラ話す人（特に男）には警戒心を抱く。ニセモノなんじゃないかと思ってしまうのだ。それで、笑顔なく、セリフなしの梶のスタイルには大きな拍手を送る。

梶と『俳句界』で対談したのは二〇一一年一二月号だったが、こんなヤリトリをした。

「案外、毛色の違った映画にも多く出ていましたよね」と私が問いかけると、彼女は、

「そうですね。アウトサイダー的な役が多かったです」と答えたので、

「アウトサイダーは好きですか」と問いを重ねると、

「演じるのは大好きですね。自分がまっすぐなので、外れたものが好きなんですね（笑）」

という答えが返ってきた。

「いえいえ、十分外れていると思いますが」と私は言葉をつないだが、しかし、沈黙は魅力的だとしても、それだけでは別の危険を生むということを魯迅が指摘している。

軍閥政府によって学生が虐殺された日、魯迅は「私は衰亡する民族の、黙して声なき理由を知った。沈黙よ、沈黙よ！　沈黙の中から爆発するのではなく、沈黙の中に滅亡する」

つまりは行動を前にした沈黙か、行動を秘めた沈黙なのかということだろう。


（２０１８年４月27日）

青年会議所という吹きだまり

私が一番嫌いなのは青年会議所とその出身者である。二世経営者が集まる青年会議所（略称ＪＣ）は〝自民党青年部〟とも呼ばれ、たとえば麻生太郎などが日本青年会議所の会頭をやった。

親の財産を継いで現在の地位を得た彼らは、平等やそれを軸とした共産主義に生理的に反発する。世襲を否定されることに本能的な恐怖心を持っているのである。

私は以前から、安倍晋三を支持する「日本会議」の実質的な活動はこのＪＣがやっているのでは

ないかと思っていたが、それを裏付けるような記事が二〇一八年四月二九日付の『朝日新聞』に載っていた。一面左の「素性は明かさず主張拡散」である。それによると、前年夏、横浜で開かれたサマーコンファレンスに各地のJCのメンバー一万人以上が集まったという。

壇上でマイクを握った女性が、

「ニッポンを変えるのは――?」

と叫ぶと、一斉に、

「オレたちだ――!」

という答が返ってきた。

それで思い出したが、二〇年以上前、同じような集会に招かれたことがある。JCをさんざん批判していた私に、是非、講師として来てほしいと言われて、行きたくもなかったけれども行った。

すると冒頭、司会者が私に、

「JCに期待するものは?」と尋ねたので、言下に、「ない!」と即答した。途端に会場がシラケた空気が充満したのである。

彼らは何か期待されていると錯覚して、こんな活動をやっているのだ。しかし、ボンボンどものさばるから、この国がおかしくなる。二〇一七年夏の集会では憲法改正がテーマの一つで、招かれて登壇した安倍晋三は「JCのような全国組織でリーダーシップをとって議論していただきたい」と述べたという。

JCは姿を隠して「保守キャラクターツイッター・宇予くん」に、

「憲法を変えたくないって言ってるやつはバカ」とか毎日のように発信させた。

「自民党改革案を読んでの感想が『何としても戦争をしたいんだ』だと。間違いなく狂ってるど」「左翼の論理はメチャクチャだど。洗脳って怖いど」とか放言し、憲法擁護の一般市民や国会議員、そしてメディアなどへの誹謗中傷を繰り返した。これにJCが関与しているのではないかと疑われ、JCも認めて後に削除し、謝罪した。

しかし、麻生と同じように悪いとは思ってはいない。麻生はセクハラ財務次官をかばって、「福田に人権はないのか」と喚いたが、特権と人権の違いがまったく分かっていない。財務官僚という権力を持つ人間と記者を並べる想像力のなさ。たまたま、麻生セメントの御曹司として生まれただけで現在の財力と権力を身につけた麻生に何を言ってもムダだろうが、麻生らに勝手なことをさせないために憲法はあるのである。

（2018年5月4日）

受援力

一九七五年に北海道に生まれた雨宮処凛は、一〇代のころ、イジメに遭い、追いつめられてリストカットを繰り返した。すべてを「自己責任」と思って出口をなくしていたのだが、そうした体験を持つだけに、私などが不意をつかれる指摘をする。『不透明な未来についての30章』（創出版）の「あなたが最後に『助けて』と言われたのはいつですか?」もそうだった。

彼女は、講演などで客席に次のように問いかけることがあるという。

「あなたが最後に誰かに『助けて』と言われたのはいつですか?」

「あなたが本当に困った時、助けを求めることができる相手はいますか?」

こう質問すると、客席はざわめき、みんな苦笑いしたり、隣の人と顔を見合わせたりして、複雑な表情になるとか。

雨宮は特に回答を求めないが、ときに一言だけ、言い添える。

「ここ数年、誰にも助けを求められていない人はもしかしたらヤバいかもしれない」

雨宮自身は助けを求める相手が何人かいる。

しかし、逆に「絶対に、こいつにだけは何があっても助けなど求められない！」という人もいる。

彼女によれば、そういう人たちの共通点を挙げると、

「助けを求めたら説教されそう」

「ただでさえ弱っている時に思い切り罵倒されそう」

「ものすごい勢いで自己責任論を展開されそう」となる。

また、別の共通点として、そういった人たちは一様に社会的地位が高く、「力」をもっているらしい。具体的にイメージすると、石原慎太郎や猪瀬直樹といったところだろうか。

一方、「助けを求められる」人は、のほほんと生きていて優しく、もし、雨宮が人殺しなどをして世界中から非難されているときに助けを求めても、「どうしたの？」と言いながら、お茶の一杯でも出してくれそうなイメージがある。

そんなことを考えていて雨宮は、茂木健一郎と奥田知志（北九州ホームレス支援機構理事長）の対談『「助けて」と言える国へ』（集英社新書）を読んで驚いた。奥田が講演でこう話すと語っているからである。

「ここ最近数年以内に〝助けて〟と他人に言ったことがありますか」

会場はだいたい静かになるが、奥田は、

「僕は、子どもが『助けて』と言わないまま、ある日突然自ら命を絶つ社会は、クソ社会だと思っています」と続ける。

「大人が『助けて』と言わないものだから、子どもも言えない。どこかで人に助けてもらうような人はだめな人だと思っているのかもしれないけれど、そんなことはありません。人から助けてもらえるというのは一番の財産であり、立派な能力であり、『受援力』ともいいます」

ちなみに牧師の奥田知志はシールズの奥田愛基の父親である。


（2018年5月11日）

モンサント支配の道を開く種子法廃止

二〇一八年五月一一日の『東京新聞』夕刊に、地方議会で「種子法復活を」という意見書が次々と可決されているという記事が載っている。首都圏でも東京の小平、国立、狛江、神奈川の大和、海老名、埼玉の吉川、茨城の常総の七市が加わっている。コメ、麦、大豆の種子の安定供給を都道府県に義務付けていた「主要農家作物種子法」。「種子の品質は安定し、法の役目を終えた」「民間参入の妨げになる」として政府が廃止を提案し、自民、公明の与党などの賛成で三月末で廃止されてしまった。

中央の国会が狂っていて、地方の方が健全だというのは最近よく見られる現象だが、いわゆる新自由主義の悪影響で安倍政権がとんでもないことをやってしまったのである。これによって、種子の価格の高騰や少量生産品種の淘汰が行なわれ、研究者や研究成果の情報が巨大な外資系企業に移って、日本の食の安全が破壊される。

巨大石油メジャーと産油国の対立で石油危機が起こったが、食のメジャーのモンサントやデュポンはもっと強力で陰湿な支配をしているので、遺伝子組み換え種子が流通する危険は一挙に高まった。

とりわけ、モンサントの支配の実態を知って、種子法を復活させる必要がある。野党六党が参議院に提出した復活法案はまさに私たちのいのちの問題が関わっているのである。

マリー＝モニク・ロバン著で『モンサント』（村澤真保呂ほか訳、作品社）という本がある。モンサントは三菱と提携したりしているが、ジャーナリズムに対しても徹底した弾圧を加える。

それに抗して出されたこの本を読むと、本当に背筋が寒くなる。

「遺伝子組み換え種子の世界一の供給会社」であるモンサントは、二〇世紀初めにサッカリンの生産会社として設立され、第一次世界大戦の間に、爆弾や毒ガスの製造に使われる化学製品を売ることによって、利益を一〇〇倍に増やした。そして、PCBや枯葉剤、特にベトナム戦争で使われたオレンジ剤という名の除草剤などで巨大になった後、遺伝子組み換え作物にその手を広げたのである。

「死の商人」「死を売る商人」は種子に進出したのだった。学者はもちろん、政府やメディアを巻き込み、「規制」をつぶしていくやり方は日本の原発マフィアと酷似している。

インドの農民は「あの会社の連中は毒薬と同じです。やつらは死に神のように人間の命を奪っていきます」と叫んでいるが、メキシコ、アルゼンチン、パラグァイ、ブラジルなどが次々とモンサントに襲われた。

フランスの女性ジャーナリストである著者に、北インドの農協組合のスポークスマンはこう言ったという。

「モンサントを調べて下さい。あのアメリカの多国籍企業は世界中の食糧を独占するつもりです」

（２０１８年５月18日）

『自民党解体新書』から——仙谷由人

私と田原総一朗との対論『自民党解体新書』（河出書房新社）で、田原がこう発言している。

小沢一郎が民主党代表になったときに電話がかかってきて、小沢と会ったら、

「仙谷（由人）を幹事長にしたいので、彼にそれを頼んでくれないか」と言われた。それで仙谷に会い、

「小沢さんがあなたを幹事長にしたいと言っている」と伝えたら、

「えっ、冗談でしょう」と取り合わない。

冗談ではないのだと繰り返すと、仙谷はしばらく考えて、

「田原さん、悪いけれど枝野（幸男）に聞いてほしい。枝野が賛成したら引き受ける」と答えた。

それで田原は枝野に電話した。

「えっ、そんなことがあるの。そんなたいへんなことをこの場で返事できない。一晩考えさせてほしい」と枝野は言い、翌日こう電話してきた。

「仙谷さんがどうしてもやりたいならどうしようもないけど、僕にどうかと聞かれたら反対だ」

それを仙谷に伝えると、

「じゃあ悪いけれど、小沢さんに、なかったことにしてほしい、と答えてください」となった。

小沢が民主党に入るときに、公然と反対したのが仙谷と枝野だった。その仙谷を幹事長にという小沢はなかなかだと思ったが、小沢のブレーン筆頭の平野貞夫に、こういう話があったのかと尋ねると、首をかしげ、

「少なくとも私は聞いていない」とのことだった。

それはともかく、この話を聞いて、仙谷が社会党の代議士時代から好感をもっていない私は、仙谷は度胸がないな、と思った。大事な話をなぜ自分で決断しないのかということである。

枝野に判断をゆだねる仙谷の評価が私のなかでまた下がった。相対的に小沢の評価は上昇する。また、そこまで信頼される枝野の評価も上がるが、最近は、小沢と枝野はしばしば会っているらしい。

早野透が政治家にインタビューしてまとめた『政治家の本棚』（朝日新聞社）という興味深い本がある。そこで仙谷は愛読書に司馬遼太郎の『花神』を挙げている。村田蔵六、のちの大村益次郎の物語だが、枝野も同じくそれを挙げ、こう解説する。

「歴史や政治での役割分担というのは、僕はものすごく大事だと思っているんですよ。まさに彼なんかは役割分担という意味で、ものすごく大きかった存在じゃないですか」

たぶん、枝野が仙谷の立場だったら、誰かに判断をゆだねることはしなかっただろう。自分で決断したはずである。

（2018年6月1日）

文在寅が導いた米朝会談

ほぼ毎日、『夕刊フジ』と『日刊ゲンダイ』に目を通す。真反対の主張の夕刊紙である。

たとえば、トランプと金正恩の米朝会談の翌日の『フジ』は、「首脳会談は失敗して欲しい」（藤崎一郎元駐米大使）という発言に象徴されるように、「決裂」を望んでいた論調だし、『ゲンダイ』は「北朝鮮をひたすら敵視、政治利用してきた安倍首相はその不明を恥じたらどうだ」と〝カヤの外〟の安倍を批判している。

しかし、『フジ』は「安倍晋三政権に頑張ってもらうしかない」という百田尚樹のコメントを載せているのだから度しがたい。安倍や百田は、とにかく平和に向かうのが気に入らないのだろう。

明日にも戦争かという米朝の緊張関係を融和させた最大の功労者は、韓国大統領の文在寅である。彼が金正恩との南北首脳会談に動き、米朝会談の道を開いた。安倍と比較しては文在寅に失礼だが、理想を追い求めるリーダーの文と、「バカな大将、敵より怖い」の見本のような安倍との違いを痛感したのは、格調高い文の演説を訳文で読んだときだった。

一九四八年四月三日に米軍が支配する暴力的な反共政策が荒れ狂っていた済州島《チェジュ》で、島民が蜂起し、多くの犠牲者が出た「四・三事件」七〇周年の追悼式で、文は次のようなスピーチを行なった。それを訳した歌手の李政美は、文を「私たちの誇り」と言っている。

文はこう呼びかける。

「石垣ひとつにも、散った椿の花にも、痛哭の歳月を胸に秘めてきた済州島で、『この土地に春はあるのだろうか』とみなさんは七〇年間問い続けてきました。私は今日、みなさんにチェジュの春を告げたいと思います。悲劇が長く続き、風さえ吹けば涙があふれるほど痛みは深かったけれど、菜の花が満開に咲くように、チェジュの春は咲きほこるでしょう。みなさんが四・三を忘れず、みなさんと共に痛んだ方たちがいたことによって、今日私たちは沈黙の歳月を閉じ、こうして集うことができました」

一九四八年一一月一七日、済州島に厳戒令が宣布され、中山間の村を中心に「焦土化作戦」が展開される。家族のなかの一人でもいなければ「逃亡者の家族」という理由で全員が殺された。中山間の村の九五%以上が燃えてなくなり、村民全員が虐殺された村もある。

一九四七年から五四年まで、当時の済州島の人口の一〇分の一の三万人が死んだと推測されている。この悲劇を話すことが許されなかった時代も、少なくない人びとが記憶を消さず、小説や映画、そして歌で忘却に抵抗した。

こうした歴史をたどりながら、文は演説をこう結ぶ。

「四・三の真相究明は地域を超えて不幸な過去を反省し、人類の普遍価値を取り戻す仕事です。四・三の名誉回復は和解と共生、平和と人権へと進んで行く私たちの未来です」

日本に文在寅は現われないのか？

（2018年6月15日）

連合が応援すると選挙は負ける

二〇一八年六月一一日深夜の『朝まで生テレビ！』で、立憲民主党幹事長の福山哲郎と同席した。取り仕切る田原総一朗の隣が福山で、次に共産党の議員、そして私だった。始まる前だったか、

ＣＭのときだったか、四月の京都府知事選挙で立憲民主は、なぜ自民党と公明党が推す候補に相乗りしたのか、と尋ねた。

すると、京都が選挙区の参議院議員である福山は、

「共産党と一緒に選挙をやったら、次に私は落ちますよ」と顔をしかめて言う。

「落ちてもいいじゃないか。あそこで野党候補が勝ってたら、安倍政権にとっては大打撃だったよ」と追撃すると、松下政経塾ならぬ松下未熟塾の卒業生である福山は呆然としていた。

しかし、私はそんな福山に愕然としたのである。口では「安倍政権打倒」などと言いながら、結局、自分の当落しか頭にない男が、最大野党の幹事長なのだ。

そんなやり取りを見ていた対面の自民党参議院議員、山本一太が、

「あの結果にはこちらも冷や汗が出ました」と声をかけてきた。

前にも書いたので詳述はしないが、当時は「モリカケ問題」で安倍批判が激化していたのに、地方選挙とはいえ、与野党相乗りというのは戦術としても拙劣で信じがたい。共産党が推薦し、私が応援に行った市民派候補は、予想をはるかに越える健闘をした。

二〇一六年五月に出した田原との対論『自民党解体新書』(河出書房新社)で、このことに触れたら、田原は
「どうしようもないね。馬鹿としか言いようがない」と斬り捨てた。

それで私が、「福山は、自民党よりも共産党のほうが憎いんでしょう。あれが幹事長じゃ展望が見えない。ここで闘わなきゃという怒りのポイントがまったく共有できない」と応じると、田原が、

「日本の野党、リベラルの弱さがよく表われているよ。つまり彼らは政権を担おうという気持ちが

ないんだ」と断言した。

野党の共闘を混乱させている、もう一つの原因が〝連合〟である。

京都府知事選以上に注目を浴びた六月の新潟県知事選で、野党候補は惜敗した。やはり、野党候補だった米山隆一のスキャンダルによる選挙という不利もあったが、極端に言って、米山は連合が応援しなかったから勝ったのだ。しかし今回は、連合が応援したために池田千賀子は負けてしまった。

なぜか？　連合が傘下に原発賛成の電力総連や電機連合を抱えているので、原発反対を明確に打ち出せない。与党候補がこの争点を隠したと言われたが、むしろ、連合がそれを強調しなかったのである。これでは勝てるわけがないだろう。

（2018年7月6日）

「どっちつかずで殺された」——済州島「四・三事件」とチッソ創業者・野口遵

「受験生ブルース」を歌った中川五郎は、ボブ・ディランの詩集を訳していることでも知られるが、彼のことを『週刊金曜日』の「憲法を求める人びと」で取り上げようと思って、姜信子たちとの座談『言葉の胎児たちに向けて』（アドリブ）を読み、姜信子の発言に刺激された。

辛淑玉の友人である彼女とは、私が対話をした金時鐘の会であったこともある。

韓国の済州島で、戦後すぐに「四・三事件」が起こった。公式的には島民の九人に一人が、現実には四人に一人が「アカ」とされて殺された事件である。

彼女によれば、アカと呼ばれる人たちは山に入ってゲリラ部隊となり、海岸地帯には政府軍がいた。そして、その中間地帯に普通の人たちが住んでいたのだが、彼らが一番危険な目に遭ったという。なぜか？　そのグレーゾーンにいる人たちは政府側なのか山側なのか見分けがつかない。つまり、政府側からは山側に見え、山側からは政府側に見えて、ほとんどの場合、殺された。どちらからも敵に見えたのである。

態度を決めて山に行くか、海に行くか。どちらにしても態度を決めることが自分の命を救うことになるのだけれども、当人たちは、

「自分たちはグレーゾーンにいて、どっちでもないから安全だ」と思ってしまう。

さらには、安全だと思っている人同士が「お前は、敵か、味方か」と疑心暗鬼になり、密告し合うという状況になった。この例を挙げて、姜はこう指摘する。

「責任を持って選ばなければ、自分は思考停止という自分自身の命に対する無責任によって、殺されていくことになる。今のは済州島の話ですけれども、グレーゾーンをめぐる人間の心理ということでいえば、日本とまったく同じだと私は思っていて、無責任に誰かが選んでくれるような方向に、みんながついていこうとしている」

日本人を蝕んでいるのは〝中途半端〟という病気だと喝破したのは、むのたけじだが、中立中庸もこれに通じる病気だろう。「私は右でも左でもない」とか、どちらにも偏っていないと前置きする人間を、私はそれだけで信じない。その後にどんないいことを並べても、聞く耳は持たないのである。

姜はまた、水俣病を惹き起こしたチッソの創業者・野口遵が、戦前、現在の北朝鮮の興南に巨大なコンビナートを造っていたと語る。

野口は、その漁村を見渡せる山の上に立って、「ここからここまでを工場にしろ」と言った。しかし、そこには人が住んでいたのである。かまわずに工場を造って、そこに水俣から労働者が行った。水俣では、下っ端だった者たちが興南に行って上になる。

それで、彼らは「植民地は天国だった。自分より下の牛馬がいた」と懐かしむ。言うまでもなく、牛馬とは朝鮮人のことである。

水俣病を生んだ背景には、こうした搾取の歴史があることを私は姜に教えられた。

（2018年8月10日）

真実は、権力より強いんじゃないのか——ホンダF1総監督・桜井淑敏と岸井成格

二〇一八年五月に亡くなった岸井成格の通夜で、岸井の小学校の同級生で、のちに本田技研に入り、F1の総監督を務めた桜井淑敏と会った。

桜井は、ホンダに入社して半年後に、研究所のエンジン設計部門の一員に加えられ、先輩たちと一緒に新車の開発に携わっていた。ところが、エンジンの回転数が上がると、クランク・シャフトが折れてしまうという問題にぶつかり、大騒ぎになる。

当時、創業者の本田宗一郎は研究所の社長も兼ねており、クランク・シャフトの担当者は呼びつけられて、さんざんに怒鳴りとばされた。そして次に、「これを計算したのは誰だ」となる。

それは、ほかでもない桜井で、クランク・シャフトがある回転数に達すると折れる可能性があることは、桜井の計算によってもはっきりしていた。

桜井は上司にそう言ったのだが、「そこのところを何とかするのがホンダ・ウェイ、つまりホンダの技術力ではないか」と言われ、その気合に押されて引き下がってしまった。

本田宗一郎に問われて、そのいきさつをそのまま話した途端、間髪入れず、本田の言葉が返ってきた。

「真実は、常に権力より強いんじゃないか。上司が何と言おうと、とことん説得するのがお前の務めじゃなかったのか」

それから二〇年近く後の一九八六年、Ｆ１グランプリのチャンピオンになれると確信した桜井は、オーストラリアで行なわれたそれに、本田を招く。

ところが、思いもよらぬ事故で、九分九厘手に入れかけた世界チャンピオンの栄光を一瞬にして失ってしまったのである。

総監督として、桜井の頭の中は真っ白になった。

気を取り直してモーター・ホームに帰ると、本田は一人、ポツンと座っていた。

しかし、桜井は自分の心中を整理するのに手一杯で、本田に挨拶することもできず、少し離れたところに腰を下ろす。

しばらくして少し冷静さを取り戻し、何か言わなければと思った瞬間、本田がつぶやいた。

「桜井君、勝敗は時の運だよ」

信じられないくらいこの言葉は、桜井の胸にグサリと突き刺さった。以来、桜井はその言葉を忘れたことがない。絶妙のタイミングで発せられたその言葉は、桜井によれば、

「雪の中で冷え込んだときに口にした、温かな飲み物のように」桜井の心に染み込んでいったとい

う。

桜井は、アイルトン・セナの親友でもあった。先日、雑誌『俳句界』の対談に桜井を招いて、いろいろセナの話も聞いたが、たしか、セナと本田宗一郎が間をおかずに亡くなったときは、衝撃を受けたらしい。

桜井にとって岸井の死は、それに近いショックな出来事だったろう。岸井の置き土産で、私は桜井に会うことができた。

（2018年8月17日）

忠言は耳に逆らう

井波律子著『三国志名言集』（岩波現代文庫）をめくっていたら、「忠言逆耳」という言葉が出てきた、「忠言は耳に逆らう」と読む。忠告はなかなかに聞き入れにくいということだろうが、この言葉に出会って、それを受け入れた本田宗一郎のことを思い出した。前稿で取り上げたホンダF1総監督・桜井淑敏の「耳に逆らう」忠言を、本田はしっかりと受け止めたのである。

桜井は意識してそう言ったのではないから「忠言」とは言えないかもしれないが、それは桜井にとっても忘れられない出来事だった。桜井が一〇年前に出した『海のように、風のように』（講談社）に、その場面は次のように語られている。

一九七〇年にアメリカで〝マスキー法〟が制定され、自動車が出す有害物質を一〇分の一まで減らさなければならなくなった。達成不可能と言われたこの規制に対して、ホンダはCVCCエンジンを開発して、世界で初めてこれをクリアする。

その過程で、本田宗一郎が桜井たちに、

「これを何のためにやってるのかわかっているのか?」と問いかけた。

突然聞かれて、みんな黙っていると、本田は、

「これはホンダにとって最大のチャンスだ」と言い、もし、この排気ガス規制がなかったら、後進のホンダが、フォード、GM、クライスラーなどに追いつき、さらには追い越すのは難しい。ところがこれで、同じ地点からスタートすることになった、と説明した。

だから、ホンダにとっては千載一遇のチャンスだというわけである。

桜井たちは感動したが、「二四、二五歳の若造」だった桜井は、若さゆえか一言発してしまった。

「社長、僕はそういう考えでやっているんじゃありません」

怪訝《けげん》な顔をする本田に桜井は、

「実は社長、ホンダのためというより、むしろ人類のために、これをやっています」と続けた。

桜井は、この規制がどこから来たかを調べ、「成長の限界」を考えた「ローマクラブ」の提言などを読んでいたからである。

桜井がそう言ったとき、本田は何も言わずにサーッと帰って行った。しかし、これは本田にとってショックな事件で、これが社長引退の引き金になったのである。

その後しばらくして出た本田の本に、そう書いてあることを桜井は知る。桜井の要約によれば、こうである。

「自分は若い頃から本質思考であって、それを自負してもいた。だから、排気ガス規制の時に、これはホンダにとって最大のチャンスだ、といったところ、それに対して若いエンジニアが、人類の

ためだと応えた。

これはどう考えてもそちらのほうが本質的で正しい。それを聞いたときに、自分の時代的限界を感じた。自分の時代は終わったと感じ、いろいろ理由はあったけれども、それが引退への最後の引き金となった」

（2018年8月31日）

広岡達朗の安倍政権批判

田原総一朗から、広岡達朗との対話『私たちの「遺訓」』（ワニブックス）が届いた。

田原が高校時代、野球部に入っていて、補欠のキャッチャーだったことは自ら語っているが、プロ野球のジャイアンツの名ショートだった広岡と野球談義をしているわけではない。

広島県の呉にいて原爆の黒い雨を浴びた広岡は、こう語る。

「いまの日本に、原子爆弾より何倍も強い核爆弾が落ちたら日本は消滅しますね。日本はアメリカに依存しっぱなしですが、アメリカが助けてくれるわけはない。私たちは原爆の現実を知っていますす」

一九三二年生まれの広岡は、このとき八六歳。二歳年下の田原が八四歳である。

「自分自身だけを頼りにしなければならないスポーツ選手が宗教に頼るとは、何と情けない。しかも大金を寄付してまで。いまのプロ野球でも、宗教団体が関与して、コーチも監督も、経験したことのないヤツが就任した例があります。それで優秀な若い選手をアメリカに売るんですよ。球団、ひいては宗教団体に金が入るから」

日本ハムの栗山監督が創価学会員であることは有名だが、アメリカに売られた若い選手とは二刀流の大谷のことだろうか。

「メジャーリーグは平等を重んじる分、責任も重い。チームの指揮を任せた人間が結果を出せないと、監督もコーチも即クビです。一方で、日本は責任をとらないシステムになっている」

こう指摘した広岡は、田原が、

「日大も悪いけどね、モリカケ問題でよく似たことをやっている安倍晋三は、もっと悪いね」

と問いかけると、即座に、

「その通り」と応じ、こんな話を持ち出す。

「もう一つ安倍政権には腹が立つことがある。私は二〇年くらい同じメルセデスベンツ500に乗っているのですが、自動車税が倍近くに上がっている。どうしてですか。大事に乗っているんだから、タダにならなきゃ嘘だ。アメリカは安くなるのに、日本では高くなる」

そして、こう断ずるのである。

「政治家が自動車産業とつるみ、長く大事に乗っている車の税金を上げて、むりやり買い換えの方向に国民を誘導するというのは、いかにも汚いですよ」

「敵がいないと人間は堕落する」という述懐も広岡らしい。

広岡は「敵が多いほど、苦難が多いほど人生は豊かになる」ことを、この年になってようやく気づいたという。

「革命」というのは、「当たり前のことをやれ」という意味だという指摘にも、私はサイドラインを引いた。

世襲などできないプロの世界を生き抜いた広岡の言葉は、死刑に賛成している箇所などを除いて、私には共感できるものが多かった。

（2018年9月7日）

筑紫哲也のつぶやきを聞いた浜尾朱美

TBS『NEWS23』の初代キャスターだった浜尾朱美が亡くなった。享年五七。キャスターと言っても筑紫哲也の隣にすわるサブ・キャスターだったが、あまりに早すぎる死である。

筑紫が仲人をした彼女の結婚式に私は出ているが、最後に会ったのは、『週刊現代』（二〇一六年二月二〇日号）の「『NEWS23』筑紫哲也を語ろう」という企画でだった。浜尾と筑紫と同じ大分出身の歌手、南こうせつ、そして私というメンバーである。

浜尾は、筑紫がキャスターを引き受けたのは一九八九年で、五四歳のときだった、と切り出した。

「TBSからの再三のオファー」に遂に応えたのだという。筑紫は「髪が黒ければ『若造が何を言っている』と思われるけど、白くなった今なら小僧扱いされないから」と笑っていたとか。

「私も今五〇歳を過ぎ、筑紫さんには改めて感心しています。この歳から新しいことを、それも、過酷と分かっている仕事を始めたわけですから」と浜尾は語っているが、この座談会からわずか二年半後に、自らに死が訪れるとは予想していなかっただろう。

筑紫は毎日、夜中まで働いて身体はボロボロのはずなのに、週末になると取材か遊びで遠くまで出かけた。あるとき、浜尾が、

「たまには家でゆっくりされたらどうですか？」と言ったら、筑紫は、

「この歳になると、じっとしていると感受性が死んでしまうんじゃないかと怖いんだよ」と答えたという。

筑紫は、地方から日本を見る視点を大切にした。『朝日新聞』の入社試験で愛読書を問われ、『時刻表』と言って合格したという逸話も残っている。

私はそこで、

「筑紫哲也という人は、野球で言うとピッチャーのように見えるけれど、実はキャッチャーなんですよ。いろいろなものを受け止めるのがすごく上手い。ライバルと言われた久米宏とは正反対」と発言しているが、それを受けて南こうせつは、

「人を安心させるオーラを放っていたというか、その存在が周りの人を幸せにする感じがありましたよね」と言い、浜尾は、

「特に女性に対してはそう（笑）。筑紫さんの横にいると、どんな女の人もキラキラしていました。ちょっと気持ちが華やぐのでしょうね。うちの母も、筑紫さんと一緒に写っている写真はキレイでしたよ」と続けている。

私がこの座談会に呼ばれたのは、『ＮＥＷＳ23』にコメンテーターとしてよく出ていたことと、筑紫と一緒に『週刊金曜日』の編集委員をやっていたからだった。

しかし、『週刊金曜日』はいまマンネリになって感受性を失ったので、私は編集委員をやめることにした。

（２０１８年９月21日）

山崎拓と沖縄県知事選挙

山崎拓と対談したのは『週刊金曜日』の二〇一六年一一月一八日号でだった。山崎と加藤紘一、そして小泉純一郎は、いわゆる〝ＹＫＫ〟を結成していた。

「九月に亡くなった加藤紘一から佐高先生の話をよく聞いていました。先生は加藤さんと親しかったんですね」

「先生」はやめてほしかったが、山崎がこう口火を切った対談は、「今だから語れる『ＹＫＫ』『公明党』『沖縄』」というタイトルがついている。

「加藤の乱」の話とか、「今の公明党は東大閥です」とかの指摘を興味深く聞いていって、ちょっと驚いたのは、山崎と沖縄の関係の深さである。

一九七〇年に国政参加選挙があり、山崎は友人が沖縄で弁護士をしていたので、その選挙を見に行った。それが縁となり、沖縄に山崎の後援会ができ、山崎は足しげく沖縄に通った。山崎によれば、沖縄には有力な政治家の後援会がたくさんできたけれども、「沖縄拓政会」という山崎のそれが最強だったと思うという。

その会長が、金秀グループの創業者・呉屋秀信だった。翁長雄志の選対本部長をやった呉屋守将は、秀信の息子である。

今回の選挙で明らかになったように、翁長は自らの後継者に呉屋守将と玉城デニーを推していた。呉屋が固辞して玉城が立候補し、当選したが、その勝利に山崎は重大な役割を果たしている。

玉城は小沢一郎率いる自由党の幹事長であり、小沢は玉城が当選できるか心配だった。ほとんどというか、まったく下馬評にあがっていない候補者だったからである。その意味では、沖縄の苦悩の歴史を体現した玉城に着目した翁長の眼力に感嘆するしかないが、呉屋の協力なくして玉城の勝利は望めないと小沢は考えた。

それで小沢は、山崎に呉屋との仲介を頼む。そして小沢と呉屋が会い、呉屋が玉城の後援会長となって、改めて「オール沖縄」の結束が固められた。

そもそも山崎は、翁長と知事の座を争った仲井眞弘多を担いだ張本人だった。しかし、仲井眞の評判が悪くなり、その立候補をやめさせようとする。もともと翁長は自民党沖縄県連の幹事長だったのだから、翁長をこちらに取り込んだらいい、と山崎は考えたという。結局それは成功せず、仲井眞は翁長に負ける。

そのとき、翁長は沖縄の自民党から裏切り者呼ばわりされたが、自民党には誕生から二つの潮流があり、沖縄県民に強圧的でない姿勢を示してきたのは、橋本龍太郎、小渕恵三、梶山静六、野中広務など、いずれも田中(角栄)派の政治家だった。

それに対して、自民党すなわち田中派をぶっつぶすと言って出てきた小泉純一郎とその後継者の安倍晋三は冷淡である。翁長は前者の系譜の人なので、裏切ったのはお前たちの方だと言っていた。

(2018年10月19日)

保阪正康的スタンス

ベストセラーとなっている保阪正康著『昭和の怪物 七つの謎』(講談社現代新書)を興味深く読ん

だが、ぬぐいきれない違和感が残った。保阪は、東条英機の秘書・赤松貞雄に会い、「東条英機という人は、文学書を読んだことがありますか」と尋ねたら、赤松は、「小説のことか？　ないと思う。われわれ軍人は小説を読むなんて軟派なことに関心を持ったら、軍人なんか務まらないよ」と答えたという。

私がインタビューして、小説など読んでいないだろうなどと思ったのは、リクルートの創業者・江副浩正だった。たぶん、ホリエモンこと堀江貴文もその口だろう。

しかし、同じく小説とは縁遠い軍人の石原莞爾に、保阪は寛容である。

保阪は、極東国際軍事裁判（東京裁判）で、石原が、

「満州事変の中心は自分である。満州建国にしても自分であるのに、なぜ自分を戦犯として逮捕しないのか」と発言したことを引く。

そして、石原が兵士を「人間」として扱ったことなどからプラス評価を与えるのだが、私からは東条と石原の違いはマイナス一〇〇とマイナス三〇くらいの違いにしか見えない。いずれにせよマイナスなのである。

しかし、保阪は意図的と思えるほどに石原のマイナス面に触れない。そして、「二・二六事件」で祖父の犬養毅を殺された犬養道子の手記『花々と星々と』（中公文庫）を引きながら、石原について道子が投げた決定的セリフを隠すのである。

保阪は、犬養の肉親の一人（女性）が、事件の後に見舞いや善後策の打ち合わせに来た閣僚のなかに荒木陸相の姿を見つけ、

「荒木さん、あなたがやった！」と迫ったことを『花々と星々と』から引用し、

「とたんに正装の大臣が崩折れて畳廊下に両手を突き、長い間背を震わせていた」と道子が書いていると続けながら、『花々と星々と』の続編『ある歴史の娘』で、道子は次のようにズバリと断定していることは無視している。意図的ではないのかもしれないが、『石原莞爾 その虚飾』（講談社文庫）を書いた私としては納得できない。道子は怒りをこめて指弾している。

「祖父、犬養木堂（毅）暗殺の重要要素をなした満洲問題は、その発生から満洲国建国までの筋書一切を極端にして言うのなら、たったひとりの右翼的神がかりの天才とも称すべき人間に負うていた。『満洲問題解決のために犬養がよこす使者はぶった斬ってやる！』と叫んだあの石原莞爾その人である」

スタンスの違いは、保阪が「民主主義者」の明仁天皇に期待し、半藤一利、内田樹、白井聡などとともに「天皇制民主主義」ともいうべき立場に立っていることにも表われる。『ドキュメント昭和天皇』（緑風出版）の著者で私の畏友、田中伸尚と同様、私はそのスタンスに立つことはできない。

（2018年10月26日）

藤沢周平が好きな安田純平

解放された安田純平に「自己責任」を求める者の多くが匿名であるという。自己を隠す者が叫ぶ「自己責任」とは、これ以上のブラックジョークはないだろう。彼らは、たとえば公人と言いながら、公の場で森友事件について釈明しない安倍昭恵には責任を問おうともしない。

探検家は、地図を見て「危険」の印のあるところに行こうとする。普通の人はそれを見て行くのをやめるのだが、あえてそこに行こうとするのである。安田も、ある意味で探検家だが、ほかの人が思う以上に自己責任を感じている。それでも、その危険なところで何が行なわれているかを伝えようとして出かけるのである。私はそれに感謝こそすれ、非難しようとは思わない。

安田の解放を喜ぶ声は、落合恵子からも届いた。私が落合を安田に引き合わせたからである。『安倍晋三と岸信介と公明党の罪』（河出書房新社）所収の二〇一五年二月一七日付の日記に私はこう書いている。

「安田純平さんと何年ぶりかで会う。イラクで捕らわれたことのある彼に『佐高信政治塾』で話してもらうためだが、安田さんの次の予定の都合でクレヨンハウスで会ったので、彼を落合恵子さんに紹介する」

同年七月二二日に山形で話してもらうつもりだったが、直前になって連絡がつかなくなり、安田の友人に代講を頼んだ。このときすでに安田は拘束されていたのである。

安田に初めて会ったのは二〇〇四年の夏だった。安田は三〇歳になったばかり。東京の国立駅前で開かれた集会で、当時、国立市長だった上原公子とともに座談会をやったのである。

安田の印象は自然体だった。気負った感じはしない。

「去年は藤沢周平ばかり読んでいました」。『囚われのイラク』（現代人文社）の著者はこう言って笑った。

イラクで拘束されたとき、安田は、

「お前はFBIか、それともCIAか」と銃を片手に尋ねられた。

「俺たちはアメリカの占領に対して戦っている。日本はヒロシマ、ナガサキの経験があるのに、なぜアメリカに従って軍隊を送ったのだ」と、むしろ安田が当時の首相、小泉純一郎に突きつけたいような問いを投げられて、「日本は約六〇年前の戦争によってアメリカに占領され、いまでも米軍基地がある。占領が続いているような状態なのだ」と安田は答え、「しかし」と続けた。

「日本人の中には、その状態から自立しなければならないと考えている人も多い。私は、日本が支持しているアメリカの戦争がどのようなものかを伝えるためにここに来た。あなたたちと同様、私はアメリカから独立するために、銃ではなくカメラで戦っている」

「佐高信 政治塾」で安田に話してもらおうとしたテーマは「テロリストとは誰か」である。


（2018年11月2日）

仙谷由人は、やはりイヤな男だった

嫌いだけれども評価できる人間というのはいる。しかし、菅直人内閣の官房長官をやった仙谷由人は、私にとって嫌いだし評価もできない人間だった。

仙谷が社会党にいた時分、徳島県知事選挙の応援に行ったりして、何度か一緒になった。仙谷が一歳下で、ほぼ同年輩なのに「上から目線」の態度も鼻についたが、二〇一八年一〇月二三日付の『夕刊フジ』で、歳川隆雄が次のように追悼しているのを読んで、「やはりそうか」と決定的にイヤになった。

歳川が発行している『インサイドライン』の記事を読んだと、九月二八日に仙谷から電話があったという。そして、仙谷は今秋の叙勲を受けることにした、と言ったとか。

「これまでの政治家人生や叙勲の責任者でもある官房長官を務めたことで、色々な思いがあったが、受けることにした。あの記事はオレの背中を押してくれた」

受けるなら自分で決めればいい。それを歳川に電話して、歳川を「過分の言葉をいただいた」と喜ばせる。喜ぶ方も喜ぶ方だが、わざわざ電話する仙谷も、私に言わせれば、いやらしい。

歳川は「仙谷さんの親友で、評論家の故・松本健一氏など多くの方を紹介していただき、読むべき本の推薦もいただいた」とも書いているが、松本健一という人にも私は疑問符をつけていた。

仙谷が顧問としてだったか、内閣に入れた松本から、ある編集者のところにファクスが届き、末尾に「官邸にて」と書かれていたという。

松本は、よかれ悪しかれ在野に徹した北一輝の評伝などを書いているが、「官邸にて」を知ったら、北一輝は何と言うか。私はそれを聞いて、なるほど、仙谷と松本は「類は友を呼ぶ」だなと思った。

歳川は「理の人」「情の人」と仙谷を持ち上げているが、私は「流れの人」だと言いたい。流れのままに、それをつかんで生きた男である。社会党の委員長だった土井たか子の秘書の五島昌子から聞いた忘れられない話がある。あるとき、仙谷の秘書から、

「ウチの代議士、そちらに行ってませんか」と電話がかかってきた。来ていないので、そう答えたが、仙谷は、

「委員長のところに行く」と言って出たらしい。

しかし、土井から代わった田辺誠のところにさっそく行っていたのである。土井さん、土井さんとまとわりついていたのに、と五島は笑っていた。

二〇一〇年一一月九日付の『日刊ゲンダイ』で私はこう言っている。
「仙谷は小沢一郎だけでなく、長妻昭も使えなかった。陰の総理とかいわれていますが、底の浅い男です。（……）野中広務は小渕（恵三）政権の官房長官だったときに、自自連立を組むために、それまで悪魔呼ばわりしていた小沢にひれ伏した。仙谷も野中と親しいのであれば、彼を見習って、小沢に土下座すればいいのです」

（２０１８年11月９日）

秘話満載の『自民党という病』——園田直

園田直という政治家がいた。福田（赳夫）内閣の官房長官や外務大臣をやったが、艶福の多い人でもあった。先ごろ亡くなった園田博之の父親である。

今度、『自民党という病』（平凡社新書）という共著を出した平野貞夫から、とんでもない話を聞いた。現在は小沢一郎のブレーンとして知られる平野は、園田直が衆議院の副議長になったとき、衆議院事務局から秘書を命ぜられる。

辞令をもらった日に園田から、

「明日、午前六時に千駄ヶ谷のマンションに来るように」と言われ、翌朝、部屋のチャイムを鳴らすと、ネグリジェ姿の女性が出てきた。女優の万里昌代である。

「失礼、部屋をまちがえました」と謝って、ドアを締めようとしたら、万里の後から園田が顔を出し、

「こういうことだから、万事よろしく」と挨拶された。

この話を披露した後で、平野はこう続ける。

「大映社長の永田雅一が愛人に充てていた。永田は河野（一郎、洋平の父親で太郎の祖父）のスポンサーとして河野派の五奉行、中曽根康弘、園田直、森清、山中貞則、宇野宗佑の五人に大映のしかるべき女性を用意していたと言われていました」

作家の小田実と女優のＫＫも知る人ぞ知る関係だったが、驚くべき秘話である。

園田はある筋のまとまったおカネが入ったときも、赤坂の若い芸者を身請けして、勝海舟の居宅跡にあった赤坂氷川町のマンションに囲い、平野にこんなことを頼んだ。

「何もかもさせて君にすまないが、新婚さんのふりをして二人で秋葉原に行き、テレビ、洗濯機、冷蔵庫を買ってきてくれないか」

平野が「女好きの勝海舟の心境ですか」と皮肉ったけれども、ぜんぜん利かなかったとか。

ただ、園田は政治家としては抜群だった。ドイツの外務大臣ゲンシャーとの会談に備えて外務官僚に情報を集めさせたが、これはというものが上がってこない。

「そんなのは情報じゃない。もっと生きた情報を持って来い」と言われて官僚たちが右往左往している間に、ゲンシャーが背広の裏地に凝っているという話を持って来た者がいた。

とたんに園田の目が輝き、

「それだよ、それが外交だよ」と言う。外務官僚たちは唖然とするばかりだった。

しかし、それが生きるのである。ゲンシャーとの会談のとき、頃合いを見て園田が先にバーンと裏地を見せた。そこには赤い裏地に金糸で縫られた虎が吠えていた。ゲンシャーは「まいった」と言って、園田を自宅まで連れて行き、そこからホンネの話が始まったという。

秘話満載の平野と私の共著『自民党という病』は、「安倍首相を内乱予備罪で告発する」という章から始まり、「自民党に巣食う病根」と続いていく。

（2018年11月16日）

公民館は国民館にあらず

二〇一八年一一月一四日に浦和コミュニティセンターで講演した。「九条俳句」市民応援団主催の集会でである。

二〇一四年に、さいたま市三橋公民館の『公民館だより』に掲載される予定だった「梅雨空に『九条守れ』の女性デモ」という俳句が、公民館から内容に問題があるとして拒否された。

作者は現在、喜寿を過ぎた女性で、あるとき、銀座に出て、「九条を守ろう」という女性だけのデモに遭遇した。ひどい土砂ぶりの雨のなかを、子どもをおぶっている人とか、ベビーカーを押している人、それに白髪の婦人たちが必死で声をあげながら歩いている姿に共感し、一緒に歩いたという。

敗戦の年、五歳だった彼女にも幼いながらに戦争体験があり、孫が生まれてからは特に平和であってほしいという願いが強くなっていたので、じっとしていられなかったのである。

そのときの感動をそのままに詠んだ句が秀句とされて、『公民館だより』に掲載されることになった。

ところが「九条を守れ」が「公民館の考えと思われるのは困る」という電話を受ける。担当者は「この句が、いま世論を二分している片方の意見の俳句だと思うから、載せることはできない」とも言ったという。

これに対して、作者の名前が出るので公民館の考えと間違えられることはないし、「九条守れ」は私たちより公務員の方が、もっときちんと履行しなければならないんじゃないですか、と彼女は反論した。公務員には九九条に定められた〝憲法尊重擁護義務〟があるからである。

そもそも公民館は、社会教育法に定められた市町村立の社会教育施設であり、大阪府枚方市の教育委員会が提言した文書には「社会教育の本質は憲法学習である」とある。首相の安倍晋三が尊重擁護義務違反をやっているから、末端までが憲法違反をやるのである。

安倍などは〝国〟をイコール〝公〟と考えているが、公民館は国民館ではない。戦中の国家第一主義を改めるために、草の根から民主主義を育てようと公民館は生まれた。歴史学者の網野善彦が喝破したように、公は国を超える。それを網野は「領海の外に公海がある」と表現した。国の支配する領海の外に国の支配の及ばない公海があるのである。

それなのに国の手先となって掲載を拒否したさいまた市を相手取って、作者は二〇一五年にさいたま地裁に国家賠償請求の裁判を起こした。さすがに、二〇一七年一〇月一三日に出された地裁判決では違法と判断され、さいたま市に対して五万円の損害賠償を命じたが、さいたま市はこれを不服として控訴した。

作者を支援する運動の呼びかけ人の一人に、フランス人のマブソン青眼がいる。四九歳の彼は俳句に傾倒し、俳句が弾圧された歴史を忘れまいとして、「檻の俳句館」をつくった。

檻のなかに弾圧された次のような俳句を並べたのである。

たとえば、秋元不死男の「降る雪に胸飾られて捕えらる」や、栗林一石路の「戦争をやめろと叫べない叫びをあげている舞台だ」などだ。

（2018年11月23日）

日産の歴史とゴーン——川又克二

私が経済誌の編集長をしていたときだから、今から五〇年近く前のことになるが、日産自動車のトップだった川又克二と、私の慶応のゼミの先生だった峯村光郎の対談を企画したことがある。労働法と法哲学が専門だった峯村は、当時、公共企業体等労働委員会、いわゆる公労委の会長をしていた。頼みに行くと峯村は言下に、

「労働者をいじめてのしあがった経営者と会う気はありません」と拒否した。

それで峯村へのインタビューに切り変えた記憶があるが、そのときの峯村の表情は、それまでに見たことがないほど険しかった。

もちろん峯村は、大争議の後始末に日本興業銀行から送り込まれた川又が、塩路一郎などに第二組合をつくらせ、戦う第一組合を切り崩したことを知っていただろう。

その後、川又と組んだ塩路は権勢を揮い、日産は塩路の承諾を得なければ役員人事も決められないといった歪んだ経営体質になっていく。

「労働組合は企業の病気を知らせる神経だ」とヤマト運輸の小倉昌男は言ったが、企業と癒着した労働組合は病気を悪化させる働きしかしない。

「天皇」とまで呼ばれた塩路のスキャンダルは、たとえば一九八四年一月二〇日発売の写真週刊誌『フォーカス』で次のように報じられた。

「いま建造すれば四千万円は下らぬ」という塩路所有のヨットに、若い女を乗せている写真が掲載され、こう注釈されたのである。

「ヨットの持主の名は塩路一郎（57）。日本第二位の自動車メーカー、日産自動車の巨大労組、自動車労連会長。また、自動車メーカー各社労組のセンターである自動車総連の会長である。ほかにも肩書はゴロゴロ。一九八二年の年収が一八六三万円、7LDKの自宅を東京品川区に所有し、組合の専用車プレジデントのほかにフェアレディZ二台を所有（一台は日産車体所有）を使用。『労組の指導者が銀座で飲み、ヨットで遊んで何が悪いか』と広言してはばからない人物だ」

これに対して「工場の組長及び係長」などが立ち上がり、「たった一人の労働貴族のために、五万社員の日産自動車が没落の道を歩む」ようなことがあってはならないと訴えた。

「錆《さび》は鉄より生じて、やがて鉄そのものを亡ぼす」からである。イギリスの新聞『オブザーバー』にも取り上げられたこの訴えには、日産自動車を「塩路自動車」にしないために、「不良息子の家庭内暴力におびえ、オロオロと逃げまわるだけの情けない父親」に役員はなるな、と主張していた。

しかし、役員も社員も立ち向かわず、ニッチもサッチもいかなくなってゴーンに助けを求める。ゴーンは二万人の首切りという最も安易な方法で日産を「再建」させた。「コストカッター」とはつまり、生首カッター、あるいはヒューマンカッターである。そんなゴーンを世評と違って私は評価することができず、『噂の真相』の二〇〇一年二月号で「筆刀両断」した。（2018年11月30日）

新聞人、信夫韓一郎

信夫韓一郎という人の名を強く意識したのは、むのたけじ著『雪と足と』（文芸春秋新社）を読んでだった。学生時代だから、五五年も前のことになる。戦争責任を感じて一九四五年八月一五日に『朝日新聞』を辞めたむのの、信夫は上司だった。

東京本社編集局長を経て代表取締役となった信夫は、物心両面で、むのを励まし続けた。しかし、私が信夫の名を忘れられなくなったのは、それだからではない。

『雪と足と』によれば、『朝日』をやめて神奈川県真鶴町に引っ込んだ信夫を再び引っ張り出そうという動きがうるさいと、信夫は九州に転住したというのである。そのとき、来信を府県別に分類し、一年間に二通しか手紙がこなかった宮崎を永住の地に選んだ。来信の多い地ではなく、最も少なかった地を選ぶところに信夫の生き方が表われている。私は強烈な印象が残って、信夫の名を記憶した。

先日、むのの息子の大策と会う機会があり、信夫の名を口にしたら、信夫の追悼集『新聞人信夫韓一郎』を貸してくれた。むのも書いており、むのの書き込みもある。巻頭に疋田桂一郎の「信夫韓一郎小伝」。

早くに母が亡くなり、父とは深刻な対立の生涯を送った。

同期や後輩の信夫評にこうある。

「生意気だったんですな。上にきついことをいう。何かにつけてハイハイとはいかない男で、それも普通以上に反抗的だから、本社でも、たいていの上役と仲が良くなかった」

それでも代表取締役になったのだから、さすがは『朝日』と言うべきだろうか。

作家の石川達三が『朝日』に、日教組への弾圧を批判する小説『人間の壁』を連載したとき、信夫は専務だった。親しい仲の石川が「外部から何か面倒なことを言って来たりしないか」と信夫に尋ねると、信夫は言下に「いや、何もない」と答えたが、連載が終わった後に、「本当言うと、ひどい目にあったよ」と述懐したという。連載中はひとりで外部からの圧力と闘っていたのだった。

「社員は五五歳で定年退社する。役員も六〇歳定年制にしたらいい」と言って、信夫は六〇歳になる前の日に辞めた。

ゴルフ仲間の大岡昇平が「思い出」を書いている。

「彼は朝日新聞のことを語らず、私は文学の話をしない、という奇妙な付き合いだった」らしい。

大岡が芸術院会員を断わったとき、信夫は宮崎からほめたハガキをくれたという。信夫からもらった唯一のハガキだった。

大岡は信夫の「なにごとにつけ判断が早く、いさぎよいところが好きだった。彼が半分兄貴のような気持ちで、私のすることを見ていてくれるのを、私は知っていた」と回想している。

「彼らしく遺言で葬儀を拒否した。それでも行われた追悼の集まりの席上、私は以上のようなことを話したかった。しかし近ごろ年のせいで、私は涙もろくなっている。泣き出しそうだったので、話を途中でやめにした。だからここに書いたわけだが、私は今、これを書きながらやはり泣いているのである」と大岡は結んでいる。


（2018年12月7日）

『飢えの構造』の西川潤逝く

西部邁の自死で明けた二〇一八年は、五月の岸井成格の病死を挟んで、一〇月の西川潤、一一月の多田井喜生の死が夫人からの喪中欠礼となって続いた。『重臣たちの昭和史』の実質的著者の多田井からは、特に石原莞爾の評伝を書くときにいろいろな教示を受けたが、早稲田大学教授だった西川の場合は異郷の地での客死である。

「新年のご挨拶にかえて」の葉書には、「国際フォーラムへの参加のため訪れていたスペイン・ビルバオ市にて八二歳で永眠」とある。西川と知り合ったのは、私が『VISION』という雑誌を編集していた一九七四年春だった。西川の『飢えの構造』（ダイヤモンド社）を読み、同年四月一六日付で次のような手紙を出した。

前略　先日は電話での突然のお願いに対し、御多忙中にもかかわらずインタビューを御承諾下さいましてありがとうございます。

「差別は感情ではなく構造である」とは、今度、坂本徳松先生や西野照太郎さんと一緒に座談会に出ていただく伊藤正孝さんの『南ア共和国の内幕』（中公新書）のなかの指摘ですが、伊藤さんの本には現象についての鋭い指摘はあっても、残念ながら差別の構造の解明はなされていない憾みがありました。その飢餓感を『飢えの構造』の鋭利な解説によって癒されたおもいです。

今日のいわゆる「低開発」諸国が、自然的に遅れた国であるかのように説く俗論をキッパリと斥け、その〝前近代社会〟は西欧〝近代社会〟の発展の補完物として組み込まれた〝近代社会〟の反面であるところの〝植民地社会〟すなわち〝近代社会〟そのものなのではないかという指摘には、特に蒙を啓かれました。

また、国内の矛盾を海外に転嫁する「国際分業体制」という西欧の〝論理〟によって一次産品輸出経済へ特化させられ、それゆえに西欧諸国の需要の変化と対応して絶えず変動する奇型の経済構造を背負わされることになった「低開発」諸国の補完経済の分析を読みながら、山形に育った私は、特に「内国植民地」としての日本の農村をアナロジーさせられました。日本の〝ノー政〟を鋭く糾弾しているむのたけじさんの指摘にもあるように、労働力の供給場として、また工業製品の販売市場として組み込まれていることもまったく同じではありませんか。

御指定いただきました三〇日（火）の午後二時に研究室の方にお邪魔しますので、私のこうしたアナロジーをマクラに〝日本社会に潜む「飢えの構造」〟を分析し、そこから脱却する方途をさぐっていただければ幸いです。

当時二九歳だった私の手紙は、精一杯背伸びしていて、いま読むと赤面するほどに硬い。類推と書けばいいものを横文字にしたりしていて恥ずかしい。しかし、たとえばコーヒー豆の輸出国がそれだけに特化させられて、価格の変動に一喜一憂する構造の解明などには衝撃を受けた。

現在は「発展途上国」と称するらしい「低開発国」を、そのままにして利用しようというのが現在の入国管理法の改変である。

（２０１８年12月14日）

政権の番犬、東京地検特捜部

かなり強引なカルロス・ゴーン逮捕の裏に何があったか？　あのまま行けば、日産はルノーに吸収されるところだった。それを防ぐにために社長の西川広人らは必死だったに違いない。

ところで、日産の本社は横浜にある。官房長官の菅義偉の地元である。それで西川らは菅に何とかしてくれと頼んだと言われる。〝最後の黒幕〟と呼ばれる朝堂院大覚にそう話したら、東京地検特捜部はいつも政治的な動きをするんだ、と怒った。

確かに、ゴーンを逮捕するなら、明々白々なスキャンダルの甘利明や小渕優子はなぜ逮捕しないのか。公文書を改竄《かいざん》した責任者の佐川宣寿を不問に付した大阪地検特捜部もおかしい。あるいは、小沢一郎を追いつめたのも明らかに政治的意図が感じられる。結局、検察が時の政権の番犬になってしまっているということだろう。

自民党田中（角栄）派の後藤田正晴のスポンサーだった朝堂院は、田中をねらうために後藤田に照準を当て、朝堂院を落とすことから始めようとした検察に自分が追及されたこともあって、検察の番犬ぶりを激しく糾弾する。

「私はすべて真実をお話ししますよ。この国のためにもね」という朝堂院にインタビューしたのは、『週刊金曜日』の二〇一四年七月二五日号でだった。

後藤田について朝堂院は「調子のいいことは言わず、笑わない、小遣いも少ない。重心が低く、浮き足立っていない。私の肌に合うんですよ」と絶賛だった。

「そもそも衰退の一途を辿る米国に追従するのはおかしいんです。日米安保条約を一刻も早く破棄して日露同盟を組む……それぐらい幅広い想像力も必要であると、私は考えます」

こうも語る朝堂院は、かつては松浦良右と名乗り、浪速冷凍機工業こと〝ナミレイ〟の社長をしていた。母親が松下乾電池の代表取締役専務で、祖父の吉田幸太郎が乾電池部門の草分け。松下幸之助とは親戚同様のつきあいだったのである。松下の本社に乗り込んだことがあったが、当時の副社長が出てきて、

「松下が今日あるのはお祖父さんのおかげです」と最敬礼したとか。

しかし、いま、朝堂院は幸之助を「完全な詐欺師」だと断定する。そして、松下政経塾を〝松下詐欺政経塾〟と呼び、こう続けるのである。

「ごらんなさい、野田佳彦も前原誠司も、横浜市長だった中田宏も山田宏も……やってることは嘘ばかりだ。松原仁もええかげんな男です。『松下政経塾の人間はエリート』と世間で吹聴されとるが、人格者とは言えない。才能はあるだろう。口もうまい。だが政経塾出身者には中身がない」

私は、松下政経塾を〝松下未熟塾〟と名づけたが、立憲民主党幹事長の福山哲郎もその出身者である。

三菱商事もからんだ創価学会（池田大作）のルノワール絵画事件の紛糾を収拾したとされる朝堂院に、いま改めて、その詳細を尋ねている。

（2018年12月21日）

［著者紹介］

佐高 信（さたか・まこと）

1945年、山形県酒田市生まれ。慶應義塾大学法学部卒業。高校教師、経済誌編集長を経て、評論家となる。

主な著書に、『“同い年”物語――〈世代〉と〈人物〉で語る昭和史』（作品社）、『上品の壁』『自民党に天罰を！公明党に仏罰を！』『愛国汚職の壊憲政権（小林節との共著）』『徹底解剖 安倍友学園のアッキード事件』『バカな首相は敵より怖い』（七つ森書館）、『官房長官 菅義偉の陰謀』『わが筆禍史』『自民党解体新書（田原総一朗との共著）』『激論！安倍政権崩壊書（田原総一朗との共著）』『自公政権のお抱え知識人徹底批判』『安倍晋三と翼賛文化人20人斬り』（河出書房新社）、『日本の権力人脈』『日本再興のカギを握る「ソニーのDNA」（辻野晃一郎との共著）』『国権と民権（早野透との共著）』『「在日」を生きる（金時鐘との共著）』『どアホノミクスの正体（浜矩子との共著）』（講談社＋α新書）、『敵を知り己れを知らば』（岩波書店）、『安倍晋三への毒言毒語』（金曜日）、『佐高信の昭和史』（角川学芸出版）、『自民党と創価学会』『不敵のジャーナリスト筑紫哲也の流儀と思想』『丸山眞男と田中角栄「戦後民主主義」の逆襲（早野透との共著）』（集英社新書）、『田中角栄伝説』光文社知恵の森文庫）、『福沢諭吉と日本人』（角川文庫）、『西郷隆盛伝説』（角川ソフィア文庫）、『安倍政権を笑い倒す（松元ヒロとの共著）』（角川新書）、『石原慎太郎への弔辞』（KKベストブック）ほか多数。

偽装《ぎそう》、捏造《ねつぞう》、安倍晋三《あべしんぞう》

新・佐高信の筆刀両断

2019年 6 月10日 第 1 刷印刷
2019年 6 月20日 第 1 刷発行

著者――佐高 信

発行者――和田 肇
発行所――株式会社作品社
102-0072 東京都千代田区飯田橋 2-7-4
Tel 03-3262-9753　Fax 03-3262-9757
振替口座 00160-3-27183
http://www.sakuhinsha.com

編集担当――内田眞人
装丁――小川惟久
本文組版――ことふね企画
印刷・製本――シナノ印刷(株)

ISBN978-4-86182-753-2 C0036

落丁・乱丁本はお取替えいたします
定価はカバーに表示してあります

◆佐高信の本◆

人物が世代をつくり
世代が歴史をつくる

“同い年《おないどし》”ものがたり

〈世代〉と〈人物〉で語る昭和史

生まれ年で見てみると、意外な人物が“同い年”だったりする。7つの世代、102人の著名人を取り上げ、著者の幅広い交流と味わい深い人間的考察から、激動の昭和という時代をつくった、人物と世代が織りなす物語を描く。

“昭和”をつくった
7つの世代、102人の人々

戦後を創った第一世代——大正13年(1924)生まれ
天皇と“同い年”世代——昭和8年(1933)生まれ
戦後を彩った人々——昭和12年(1937)生まれ
戦後世代の誕生——昭和20年(1945)生まれ
高度成長とサブカル世代——昭和27年(1952)生まれ
豊かさと反乱の後に——昭和30年(1955)生まれ
「新人類」と呼ばれた新世代——昭和35年(1960)生まれ